Julian Stey

Lernzielkontrollen Mathematik 7./8. Klasse

Tests in zwei Differenzierungsstufen

Der Autor

Julian Stey ist Schulleiter an einer Haupt- und Realschule. Er unterrichtet die Fächer Mathematik und Katholische Religion.

Gedruckt auf umweltbewusst gefertigtem, chlorfrei gebleichtem und alterungsbeständigem Papier.

1. Auflage 2020

Covergrafik: Julia Flasche
Grafik: Satzpunkt Ursula Ewert GmbH, Bayreuth
Satz: Satzpunkt Ursula Ewert GmbH, Bayreuth

ISBN: 978-3-403-20478-7

www.persen.de

Inhaltsverzeichnis

Inhaltsverzeichnis

8. Klasse

Einleitung

Die als Lernzielkontrollen konzipierten Arbeitsblätter dieses Titels decken alle mathematischen Themen der Jahrgangsstufen 7 und 8 ab. Neben der Verwendung als Mathematikarbeit/Test können sie unter anderem auch als Material zur Übung und Wiederholung vor Mathematikarbeiten eingesetzt werden oder aber in Vertretungsstunden. Dabei können die Arbeitsblätter durch die unterschiedlichen Anforderungsniveaus in allen Schulformen integriert werden. Der wesentliche Nutzen wird vor allem in der diagnostischen Auswertung für Lehrkräfte, Eltern und/oder Schülerinnen und Schüler liegen: Was ist bei der Schülerin/dem Schüler vom behandelten Stoff hängen geblieben? Wer braucht noch Hilfe/hat noch Förderbedarf und in welchen Bereichen? Diese Fragen können durch den Einsatz der Kontrollen schnell beantwortet werden. Es können genaue Defizite oder Kompetenzen bei einzelnen mathematischen Themen lokalisiert und benannt werden. Entsprechende Hilfsmaßnahmen können daraufhin gezielt konzipiert und als Fördermaterial eingesetzt werden.
Mithilfe der Lösungsseiten können die Schülerergebnisse rasch durchgesehen und zügig korrigiert werden.

Themenbereiche der einzelnen Klassenstufen

Klasse 7
Zuordnungen, Prozentrechnung, ganze und rationale Zahlen sowie die Klassifizierung, Konstruktion und Berechnung verschiedener Vielecke sind Hauptbestandteile der Lernzielkontrollen im 7. Schuljahr.

Klasse 8
Terme und Gleichungen, lineare Funktionen, Konstruktion und Flächeninhalt von Vierecken, Zinsrechnung sowie Stochastik wurden der 8. Klasse zugeordnet.

Aufbau der einzelnen Lernzielkontrollen

Es ist versucht worden, die Seiten so zu layouten, dass die Schülerinnen und Schüler die Aufgaben direkt auf dem Arbeitsblatt lösen können. Dies erleichtert Lehrkräften das Korrigieren und Schülerinnen und Schüler vertauschen weniger leicht Zahlen der verschiedenen Aufgaben etc. Das Kästchenpapier auf den Seiten ist also gedacht als Platz zur Berechnung der Aufgaben der jeweiligen Lernzielkontrolle.
Für Aufgaben, die nicht direkt auf dem Arbeitsblatt gelöst werden können, liegt eine „Kästchenseite" (Seite 108) als Kopiervorlage vor. Diese kann von der Lehrkraft in ausreichender Zahl kopiert und direkt an die jeweilige Lernzielkontrolle geheftet werden. So sind Lösungswege und Ergebnisse übersichtlich dicht beieinander.
Des Weiteren haben sich die Autoren darum bemüht, die Lernzielkontrollen in beiden Differenzierungsstufen ähnlich aufzubauen. Die Differenzierung erfolgt stets an denselben Inhalten bzw. Themenschwerpunkten. Dies soll Ihnen die Korrektur, aber auch den Vergleich erleichtern. Die Differenzierung erfolgt sowohl quantitativ als auch durch didaktische Reduktion. Außerdem wurden zur Differenzierung verschiedene Aufgabenformate gewählt. Die leichten Lernzielkontrollen sind in der Kopfzeile mit A, die schweren mit B gekennzeichnet.

Lernzielkontrolle (A) **Datum:** ____________________

Thema: Proportionale Zuordnungen (1) **Name:** ____________________

1 Nicolas verkauft Obst und Gemüse.

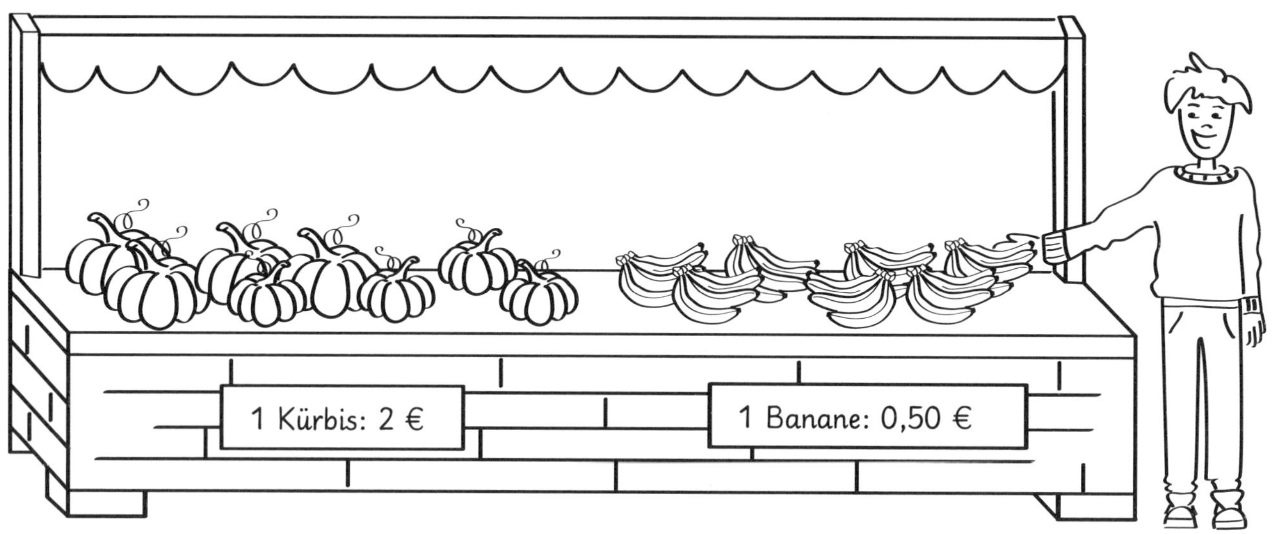

a) Schreibe jeweils das richtige Ergebnis in die Lücke.

→ Max kauft 3 Kürbisse und bezahlt __________ €.

→ Familie Bettner kauft 20 Bananen und bezahlt __________ €.

→ Lea kauft 4 Kürbisse und bezahlt __________ €.

→ Luisa kauft 9 Bananen und bezahlt __________ €.

→ Familie Heinrich kauft 7 Kürbisse und bezahlt __________ €.

→ Pierre kauft 11 Bananen und bezahlt __________ €.

b) Kreuze die zwei richtigen Aussagen an.

- ☐ Wenn Tobias mehr Kürbisse verkauft, nimmt er mehr Geld ein.
- ☐ Wenn Tobias weniger Bananen verkauft, nimmt er weniger Geld ein.
- ☐ Wenn Tobias mehr Bananen verkauft, dann nimmt er weniger Geld ein.
- ☐ Wenn Tobias weniger Kürbisse verkauft, nimmt er mehr Geld ein.

Lernzielkontrolle (A)	**Datum:** ______________
Thema: Proportionale Zuordnungen (2)	**Name:** ______________

c) Berechne die fehlenden Werte in den beiden Wertetabellen.
Zeichne die Graphen in die Koordinatensysteme ein.

Verkauf Kürbisse					
Kürbisse	0	1	2	3	4
Preis					

Verkauf Bananen					
Bananen	0	1	2	3	4
Preis					

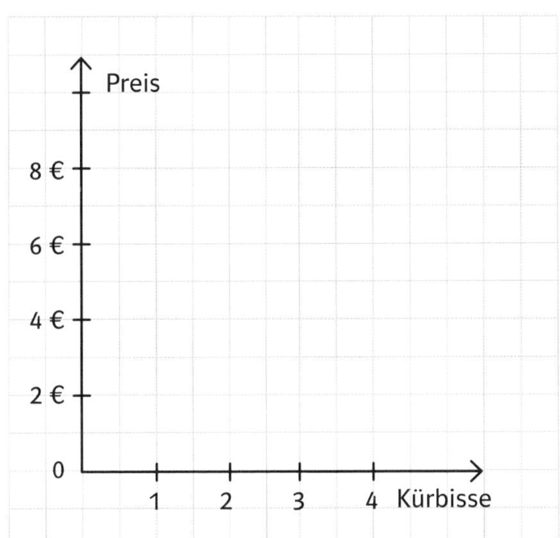

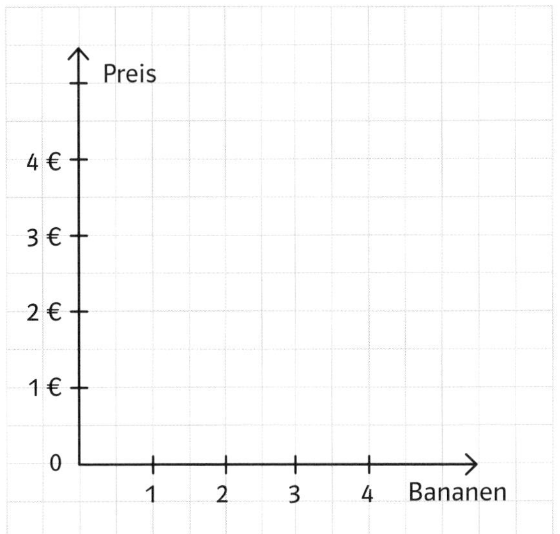

2 **Berechne die fehlenden Größen und schreibe in die Tabellen.**

	Preis in Euro
1	0,30
3	
	1,50

KINO Central Eiszeit VI Saal 2 Sitz 243	**Preis in Euro**
2	15,00
1	
9	

	Preis in Euro
21	315 000
1	
3	

Viel Erfolg!

Aufgabe	**1**	**2**	**∅**
mögliche Punkte			
erreichte Punkte			

Lernzielkontrolle (B)	**Datum:** ______________
Thema: Proportionale Zuordnungen (1)	**Name:** ______________

1 **Schreibe die fehlenden Werte in die Wertetabelle. Zeichne dann entsprechend in das Koordinatensystem.**

Jutta kauft 2 Croissants für 3 Euro.					
Anzahl Croissants	0	1	2	3	4
Preis in €					

Mariam kauft 30 Kieselsteine für 1,50 Euro.					
Anzahl Kieselsteine	0	15	30	45	60
Preis in €					

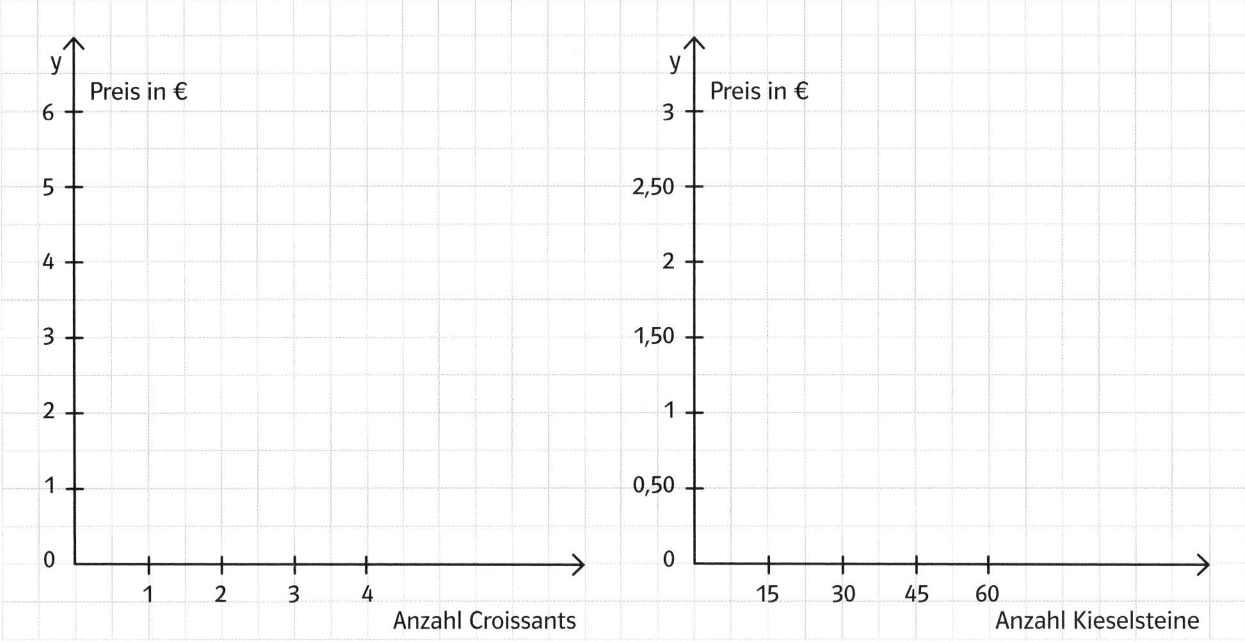

2 **Berechne mithilfe des Dreisatzes die fehlenden Größen und schreibe diese in die Tabellen.**

Tomaten (kg)	**Preis in Euro**
5	13,00
1	
2,5	

Kirschen (g)	**Preis in Euro**
250	2,75
750	
1000	

Kokosnuss (Stück)	**Preis in Euro**
10	19,90
2	
12	

Lernzielkontrolle (B)	**Datum**: ____________
Thema: Proportionale Zuordnungen (2)	**Name**: ____________

3 **Marco hat drei Kinotickets für 26,70 Euro gekauft.**
Wie viel muss Nora für ein Kinoticket bezahlen?

4 **Schreibe die richtigen Begriffe in die Lücken.**

Bei proportionalen Zuordnungen gilt:

→ Verdoppelt man eine Größe (z. B. Anzahl der Tickets), so muss man auch die dazugehörige Größe (z. B. den Preis) ____________.

→ ____________ man eine Ausgangsgröße, so muss man die dazugehörige Größe auch halbieren.

→ Der Graph einer proportionalen Zuordnung beginnt im Koordinatensystem immer im ____________.

5 **Verbinde so, dass wahre Aussagen bezüglich proportionaler Zuordnungen entstehen.**

Je mehr ...	... desto weniger.
Je weniger ...	... desto mehr.

Viel Erfolg!

Aufgabe	1	2	3	4	5	∅
mögliche Punkte						
erreichte Punkte						

Lernzielkontrolle (A)	**Datum:** ____________________
Thema: Antiproportionale Zuordnungen	**Name:** ____________________

1 **Die vorliegende Zuordnung ist antiproportional. Fülle die leeren Felder der Tabelle aus.**

Anzahl Pferde	Futtervorrat hält … Tage.
60	72
30	
	288

2 **Die Erich Kästner-Schule feiert ein großes Schulfest. Es gibt Döner.**
Dafür müssen 100 Zwiebeln geschnitten werden. Fülle die Tabelle aus.

Personen, die helfen	1	2	4	5	10	50	100
Anzahl der Zwiebeln	100						

3 **Wie viel Zeit eine Tätigkeit in Anspruch nimmt, hängt oft von der Anzahl der helfenden Personen ab – so auch auf der Baustelle.**

a) Fülle die leeren Felder aus.

Anzahl der Bauarbeiter	6	3	2			
Arbeitszeit in Tagen	12			6	3	2

b) Welcher Graph stellt die richtige Zuordnung von Anzahl der Bauarbeiter zu Arbeitszeit in Tagen dar? Kreuze an.

☐
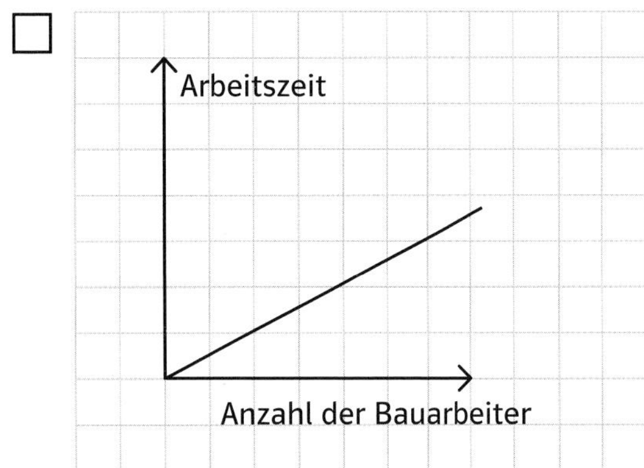

☐
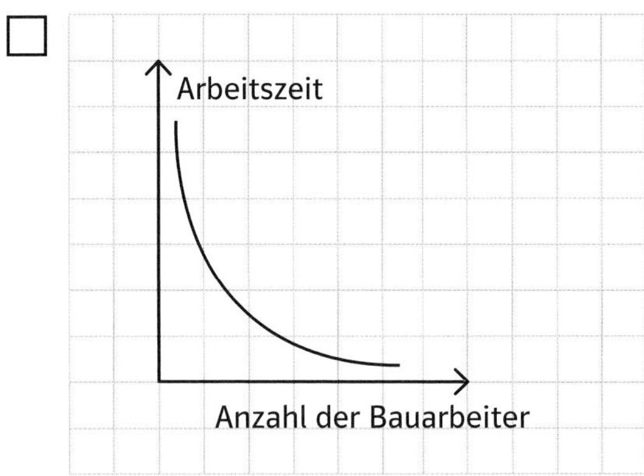

Viel Erfolg!

Aufgabe	**1**	**2**	**3**	**∅**
mögliche Punkte				
erreichte Punkte				

Lernzielkontrolle (B)	**Datum:** ______________________
Thema: Antiproportionale Zuordnungen (1)	**Name:** ______________________

1 **Die vorliegenden Zuordnungen sind antiproportional. Vervollständige die Tabellen.**

a)

Anzahl Hunde	Futtervorrat hält ... Tage
3	14
1	
6	

b)

Anzahl der Gärtner	Arbeitsstunden
1	10
2	
5	

c)

Anzahl der Pumpen	Anzahl der Stunden, bis der Pool leer ist
2	12,5
1	
5	

2 **Schreibe die richtigen Begriffe in die Lücken.**

Bei antiproportionalen Zuordnungen gilt:

→ Verdoppelt man eine Größe (z. B. Anzahl der Personen, die helfen), so muss man die dazugehörige Größe (z. B. den Preis, den jeder einzelne bezahlen muss) ______________________.

→ Der Graph einer antiproportionalen Zuordnung heißt ______________________.

3 **Verbinde so, dass wahre Aussagen bezüglich antiproportionaler Zuordnungen entstehen.**

Je mehr ...	... desto mehr.
Je weniger ...	... desto weniger.

Lernzielkontrolle (B)	**Datum:** ____________
Thema: Antiproportionale Zuordnungen (2)	**Name:** ____________

❹ **Für das große Schulfest der Erich Kästner-Schule soll eine Anzeige in der Zeitung erscheinen. 36 Lehrkräfte teilen sich die Kosten für die Anzeige. Jede Lehrkraft bezahlt 10 Euro. Der Preis der Anzeige in der Zeitung ändert sich nicht, egal wie viele Lehrer sich an den Kosten beteiligen. Schreibe in die Lücken, wie sich der Kostenbeitrag für jede einzelne Lehrkraft ändern würde, wenn sich mehr bzw. weniger Lehrkräfte beteiligen.**

Es bezahlen sechs Lehrkräfte weniger mit.

Dann muss jede Lehrkraft ________ Euro bezahlen.

Es bezahlen vier Lehrkräfte mehr mit.

Dann muss jede Lehrkraft ________ Euro bezahlen.

Viel Erfolg!

Aufgabe	1	2	3	4	∅
mögliche Punkte					
erreichte Punkte					

Lernzielkontrolle (A)	**Datum:** ______________
Thema: Vermischte Übungen – Zuordnungen (1)	**Name:** ______________

1 **Entscheide, ob die Zuordnung proportional oder antiproportional ist und kreuze die richtige Antwort an.**

Anzahl der Personen	Anzahl der Brötchen
4	3
2	6
6	2

☐ proportionale Zuordnung
☐ antiproportionale Zuordnung

Anzahl der Brötchen	Preis in Euro
15	4,50
30	9,00
50	15,00

☐ proportionale Zuordnung
☐ antiproportionale Zuordnung

2 **Fülle die Felder aus. Es handelt sich um proportionale Zuordnungen.**

Gewicht in g	Preis in Euro
200	4
600	
800	
	36

Fläche in m^2	Preis in Euro
120	18000
40	
30	
	22500

3 **Ein großer Teich mit Seerosen im Frankfurter Stadtpark kann durch eine Pumpe in 12 Tagen leer gepumpt werden. Berechne in der Tabelle die Dauer des Ablassvorgangs.**

Anzahl der Pumpen	Dauer des Ablassvorgangs in Tagen
1	12
2	
3	

Lernzielkontrolle (A)	**Datum:** ______________
Thema: Vermischte Übungen – Zuordnungen (2)	**Name:** ______________

4 **Bei der Telefongesellschaft „Teleprofi“ hat Luna folgenden Vertrag abgeschlossen: Flatrate für 9,90 €, Kosten für zusätzliches Datenvolumen – je 1,50 € pro 200MB.**
Fülle die Tabelle entsprechend aus.

zusätzliches Datenvolumen	Gesamtkosten in Euro
200	
400	
600	
1000	

5 **Berechne die fehlenden Werte.**

Gewicht in g	Preis in Euro
9	12,15
3	
6	
15	
	40,50

6 **Stelle die Zuordnung in einem Schaubild dar.**

Gewicht in g	Preis in Euro
0	0
200	4000
400	8000
800	16000

Viel Erfolg!

Aufgabe	1	2	3	4	5	6	∅
mögliche Punkte							
erreichte Punkte							

Lernzielkontrolle (B) **Datum:** ____________________

Thema: Vermischte Übungen – Zuordnungen (1) **Name:** ____________________

1 **Berechne die fehlenden Werte.**

Anzahl Bauarbeiter	Arbeitszeit in Stunden
4	10
5	
16	
	4

2 **Für eine Strecke von 550 km verbraucht das Auto von Herrn Schnell 44 Liter Benzin.**

a) Für wie viele Kilometer reicht eine ganze Tankfüllung (64 Liter)?

____

b) Demnächst muss Herr Schnell eine Strecke von 420 km fahren.
Wie viel Liter Benzin wird er verbrauchen?

____

3 **600 kg Zuckerrüben enthalten ca. 100 kg Zucker.**

a) Wie viel Zucker gewinnt man aus 1440 kg Zuckerrüben?

____

b) Es werden 3425 kg Zucker benötigt, wie viel Kilogramm Zuckerrüben braucht man dafür?

____

4 **Fülle die Tabelle so aus, dass der Flächeninhalt der Rechtecke trotz unterschiedlicher Längen immer gleich bleibt.**

Seite a in cm	Seite b in cm
12	12
6	
1,5	
30	

Lernzielkontrolle (B)	Datum: ____________
Thema: Vermischte Übungen – Zuordnungen (2)	Name: ____________

❺ **Pension „ASTORIA“ bietet Übernachtungen mit Frühstück an und verlangt für 14 Tage 448 € pro Person. Welchen Betrag müsste eine vierköpfige Familie für einen Ferienaufenthalt von 3 Wochen bezahlen?**

❻ **Fünf Planierraupen benötigen zum Einebnen einer Fläche 24 Stunden. Nach 6 Stunden Arbeit kommen noch vier Planierraupen dazu. Wie lang brauchen die insgesamt neun Planierraupen für die restliche Arbeit?**

Viel Erfolg!

Aufgabe	1	2	3	4	5	6	∅
mögliche Punkte							
erreichte Punkte							

Lernzielkontrolle (A)	**Datum:** ______________
Thema: Prozentrechnung I (1)	**Name:** ______________

1 Frau Schmidt kauft sich Obst auf dem Markt.

a) Schreibe in die Lücken.

Frau Schmidt kauft _______ Äpfel und _______ Bananen.

Insgesamt hat sie _______ Äpfel und Bananen gekauft.

b) Fülle die Tabelle aus.

	Stückzahl	**Anteil als Bruch**
(Apfel)		$\frac{\quad}{\quad}$
(Banane)		$\frac{\quad}{\quad}$
gesamt		$\frac{\quad}{\quad}$

2 Es sind 100 Personen im Kino.

- 50 Personen essen Popcorn.
- 26 Personen essen Chips.
- 37 Personen trinken Eistee.
- 14 Personen trinken Wasser.

a) Beantworte die Fragen.

→ Wie viele Personen essen Popcorn oder Chips? Insgesamt: _______ Personen.

→ Wie viele Personen trinken Eistee oder Wasser? Insgesamt: _______ Personen.

b) Vervollständige die Tabelle.

	Personen, die Eistee trinken	**Personen, die Chips oder Popcorn essen**	**Personen, die Eistee oder Wasser trinken**
Anzahl			
Bruch	$\frac{\quad}{100}$	$\frac{\quad}{\quad}$	
Prozent			

Lernzielkontrolle (A) | **Datum:** ____________________

Thema: Prozentrechnung I (2) | **Name:** ____________________

3 **Entscheide, ob der Dezimalbruch richtig ist und kreuze die Antwort an.**

a) $50\,\% = \frac{50}{100} = 0{,}5$ ☐ richtig ☐ falsch

b) $10\,\% = \frac{10}{100} = 0{,}01$ ☐ richtig ☐ falsch

c) $1\,\% = \frac{1}{100} = 0{,}01$ ☐ richtig ☐ falsch

d) $71\,\% = \frac{71}{100} = 7{,}1$ ☐ richtig ☐ falsch

Viel Erfolg!

Aufgabe	1	2	3	∅
mögliche Punkte				
erreichte Punkte				

Lernzielkontrolle (B)	**Datum:** ______________
Thema: Prozentrechnung I (1)	**Name:** ______________

1 **Es besuchen 100 Personen ein Theater.**

→ 5 % tragen ein schwarzes Hemd. → 62 Personen haben schwarze Schuhe an.

Schreibe in die Lücken:

5 % bedeutet ______ von ______ Personen. 62 Personen von 100 Personen entspricht ______ Prozent.

2 **Vervollständige die Tabelle.**

	Prozentschreibweise	**Hundertstelbruch**	**Dezimalbruch**
ein Prozent	1 %	$\frac{1}{100}$	0,01
	10 %	$\frac{\square}{\square}$	
		$\frac{25}{100}$	
		$\frac{\square}{\square}$	0,9
37 Prozent		$\frac{\square}{\square}$	
	84,2 %	$\frac{\square}{\square}$	

3 **Beim Fußballturnier der Erich Kästner-Schule gibt es Elfmeterschießen. Fülle die Tabelle aus.**

Treffer	**keine Treffer**
𝍸 𝍸 𝍸 |||	𝍸 ||

25 Schüsse

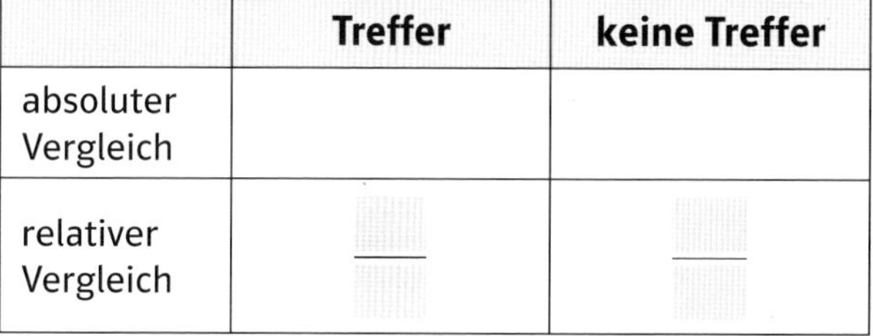

	Treffer	**keine Treffer**
absoluter Vergleich		
relativer Vergleich	$\frac{\square}{\square}$	$\frac{\square}{\square}$

Lernzielkontrolle (B)	**Datum:** ____________
Thema: Prozentrechnung I (2)	**Name:** ____________

4 **Beim Altstadtfest werden Lose verkauft.**
Bei den insgesamt 370 Losen gibt es 2 Hauptgewinne, 50 Gewinne und der Rest der Lose sind Nieten.

	Hauptgewinn	**Gewinn**	**Niete**
absoluter Vergleich			
relativer Vergleich	―	―	―

5 **Wandle zunächst in Brüche mit dem Nenner 100 um und gib diese anschließend als Prozentzahl an.**

a) $\frac{3}{20}$ → ― → ________ **b)** $\frac{3}{10}$ → ― → ________

c) $\frac{40}{400}$ → ― → ________ **d)** $\frac{24}{60}$ → ― → ________

Viel Erfolg!

Aufgabe	**1**	**2**	**3**	**4**	**5**	**Ø**
mögliche Punkte						
erreichte Punkte						

Lernzielkontrolle (A)	**Datum:** ____________
Thema: Prozentrechnung II	**Name:** ____________

1 **Wandle um in Brüche mit dem Nenner 100.**

a) 4 % → —— **b)** 17 % → ——

c) 64 % → —— **d)** 133 % → ——

2 **Wandle zunächst in Brüche mit dem Nenner 100 um und gib diese anschließend als Prozentzahl an.**

a) $\frac{3}{50}$ → —— → ________ **b)** $\frac{133}{190}$ → —— → ________

c) $\frac{10}{20}$ → —— → ________ **d)** $\frac{52}{80}$ → —— → ________

3 **Vervollständige die Tabelle.**

Prozent	1 %			25 %	
Dezimalbruch	0,____	0,09			
Bruch	——	——	$\frac{1}{2}$	——	$\frac{1}{1}$

4 **Welche Prozentzahl wird durch die graue Fläche dargestellt?**
Schreibe zunächst als Bruch und dann als Prozentzahl.

a) 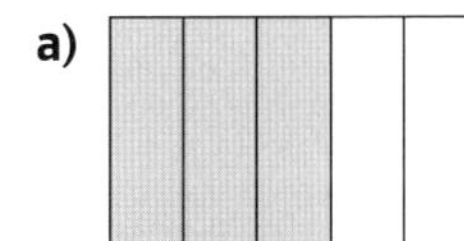 → —— → ________

b) 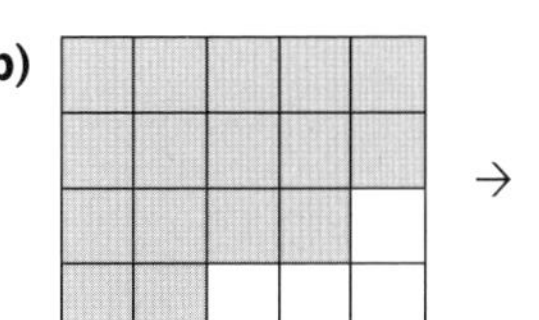 → —— → ________

5 **Ergänze die fehlenden Werte.**

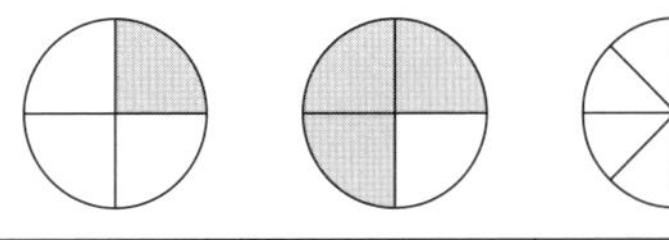

Anteil	$\frac{1}{4}$	——	——
Prozent			

Viel Erfolg!

Aufgabe	**1**	**2**	**3**	**4**	**5**	**∅**
mögliche Punkte						
erreichte Punkte						

Lernzielkontrolle (B)	**Datum:** ________________
Thema: Prozentrechnung II (1)	**Name:** ________________

1 **Vervollständige die Tabelle.**

Bruch	$\frac{1}{2}$	$\frac{1}{4}$	$\frac{3}{5}$	$\frac{4}{25}$	$\frac{1}{8}$
Hundertstelbruch					
Dezimalbruch					
Prozent					

2 **Überprüfe und setze das richtige Zeichen (=, <, >) ein.**

$\frac{1}{2}$ ☐ $\frac{1}{3}$ $\frac{3}{9}$ ☐ $\frac{1}{3}$ 0,85 ☐ 84 %

$\frac{1}{4}$ ☐ $\frac{1}{2}$ 0,7 ☐ $\frac{7}{10}$ $\frac{22}{11}$ ☐ 0,22

3 **Bratwurst besteht zu etwa $\frac{1}{3}$ aus Fett. Markiere dies im Streifendiagramm.**

4 **Bestimme die Personenanzahl und gebe die Prozentzahl an.**

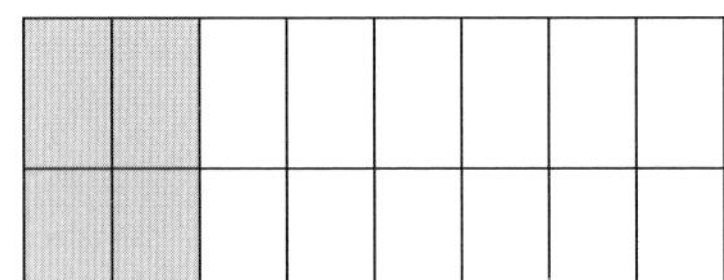

= ______ von ______ Personen = ______ %

5 **Markiere 25 % der Fläche.**

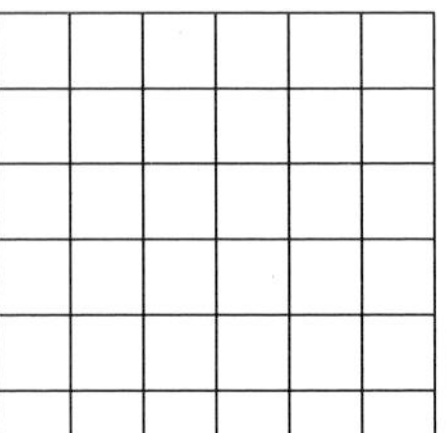

Lernzielkontrolle (B)	**Datum:** ______________
Thema: Prozentrechnung II (2)	**Name:** ______________

❻ **Die 300 Schülerinnen und Schüler der Goetheschule wurden nach ihrer Lieblingssportart befragt.**

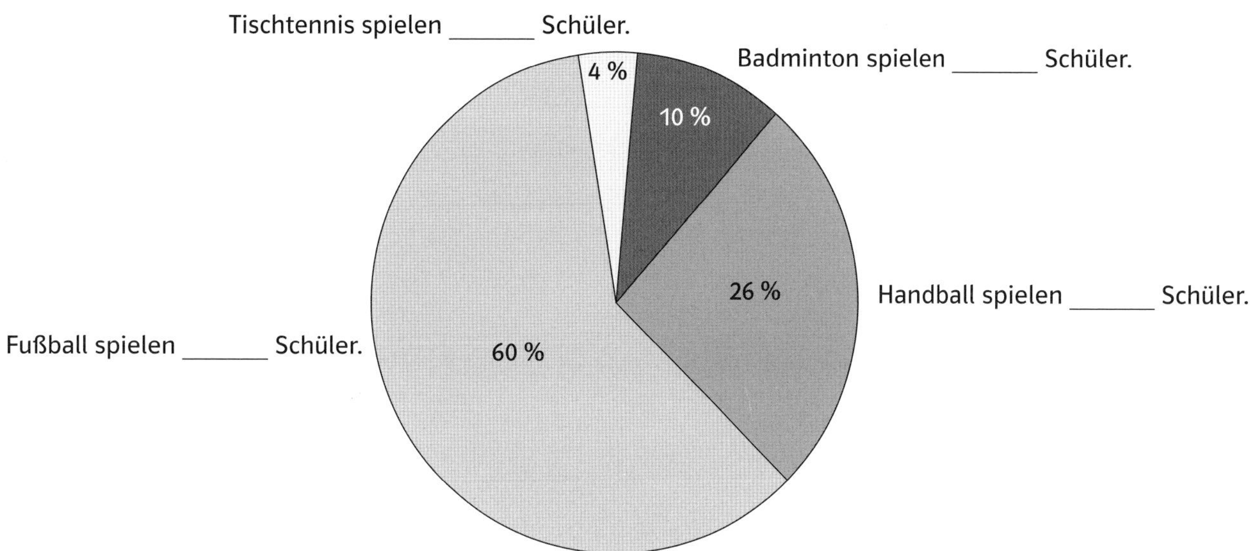

❼ **Bei einer Klassenarbeit gab es folgende Notenverteilung:**

Note	1	2	3	4	5	6
Anzahl Schüler	2	4	7	6	5	1

a) Berechne die einzelnen Prozentsätze für jede Note.

b) Zeichne ein entsprechendes Streifendiagramm (Zuordnung: Note → Anzahl Schüler).

c) Zeichne ein entsprechendes Kreisdiagramm (Zuordnung: Note → Anzahl Schüler).

Viel Erfolg!

Aufgabe	**1**	**2**	**3**	**4**	**5**	**6**	**7**	**∅**
mögliche Punkte								
erreichte Punkte								

Lernzielkontrolle (A)	**Datum:** ______________
Thema: Prozentrechnung III (1)	**Name:** ______________

1 **Verbinde die richtigen Kästchen.**

12 Schüler | von | insgesamt 30 Schülern | sind | 40 %.

Prozentsatz | Prozentwert | Grundwert

2 **Ordne zu und ergänze die fehlenden Werte.**

An Ostern werden 300 Eier gefärbt. 10 % der Eier werden gelb gefärbt.	G = P = p% =
Bei Autohaus Klee gibt es 25 rote Autos. Das sind 25 % von allen Autos, die das Autohaus hat.	G = P = p% =
Max hat 750 € gespart. Er gibt davon 150 € für ein neues Handy aus.	G = P = p% =

3 **Berechne den Prozentwert.**

a) 15 % von 700 € = ____________

b) 6 % von 300 g = ____________

c) 54 % von 950 ml = ____________

d) 18 % von 600 m^2 = ____________

4 **Bestimme den Grundwert.**

a) 10 % sind 32,50 € = ____________

b) 25 % sind 1,75 l = ____________

c) 30 % sind 90 Kinder = ____________

d) 64 % sind 720 g = ____________

5 **Berechne den Prozentsatz.**

a) p% von 75 kg sind 15 kg = ____________

b) p% von 300 € sind 6 € = ____________

c) p% von 108 € sind 54 € = ____________

d) p% von 24 Schülern sind 18 Schüler = ____________

Lernzielkontrolle (A)	**Datum:** ______________________
Thema: Prozentrechnung III (2)	**Name:** ______________________

6 Berechne. Trage die Ergebnisse in der Tabelle ein.

	a)	b)	c)
G	850 €	56 cm	
P		42 cm	93 €
p%	6 %		75 %

Viel Erfolg!

Aufgabe	1	2	3	4	5	6	∅
mögliche Punkte							
erreichte Punkte							

Lernzielkontrolle (B)	**Datum:** ____________________
Thema: Prozentrechnung III	**Name:** ____________________

1 Schreibe in die Lücken.

→ Das Ganze ist der ____________________ und wird mit _______ abgekürzt.

→ Der Anteil am Ganzen heißt ____________________ und wird mit _______ abgekürzt.

→ Die konkrete Größe des Teils nennt man ____________________ und wird mit _______ abgekürzt.

2 Berechne den Prozentwert.

a) 75 % von 520 € = **b)** 9 % von 210 g = **c)** 36 % von 1600 m^2 =

3 Bestimme den Grundwert.

a) 4 % von G sind 192 kg = **b)** 12 % von G sind 72 l = **c)** 2 % von G sind 66,30 € =

4 Berechne den Prozentsatz.

a) p% von 988 € sind 247 € = **b)** p% von 475 l sind 19 l =

c) p% von 525,5 m^2 sind 420,4 m^2 =

5 Berechne fehlende Werte. Trage sie in der Tabelle ein.

	a)	b)	c)	d)	e)	f)	g)	h)
G	740 €	65 cm		1 575 m^2	240 m		1 740 €	8 kg
P		45,5 cm	75 €		150 m	3,6 km		700 g
p %	7 %		25 %	33 %		7,2 %	65 %	

6 Bei einer Befragung von Fernsehzuschauern wurde festgestellt: 80 % der Befragten, nämlich 320 Personen, schauen sich regelmäßig Krimis an. 120 Personen bevorzugen Unterhaltungssendungen. 95 % aller Befragten verfolgen regelmäßig Nachrichtensendungen.

a) Bestimme den Grundwert.

b) Bestimme den Prozentsatz von Personen, die Unterhaltungssendungen bevorzugen.

Viel Erfolg!

Aufgabe	1	2	3	4	5	6	Ø
mögliche Punkte							
erreichte Punkte							

Lernzielkontrolle (A)	**Datum:** ______________
Thema: Prozentrechnung IV	**Name:** ______________

1 **Julian hat zu Weihnachten und seinem Geburtstag 250 € geschenkt bekommen. Davon gibt er 49 % für zwei neue Videospiele aus. Berechne, wie viel Geld Julian für die Videospiele ausgibt.**

2 **Ein neugeborener Elefant wiegt etwa 90 kg. Er hat etwa 2 % des Gewichts von einem erwachsenen Elefanten. Wie schwer ist ein erwachsener Elefant? Runde auf ganze Kilogramm.**

3 **Eine Musikanlage kostet netto 800 €. Darauf müssen noch 19 % Mehrwertsteuer bezahlt werden.**

a) Berechne, um wie viel Euro teurer die Musikanlage durch die Mehrwertsteuer wird.

b) Berechne den endgültigen Preis.

4 **Ein PKW soll 26 800 € kosten. Da es sich um einen Vorführwagen handelt, gewährt der Händler aber 18,5 % Rabatt. Wie viel Euro muss der Kunde nun noch zahlen?**

Viel Erfolg!

Aufgabe	1	2	3	4	∅
mögliche Punkte					
erreichte Punkte					

Lernzielkontrolle (B)	**Datum:** ______________
Thema: Prozentrechnung IV	**Name:** ______________

1 **Für ein Eishockeyspiel hat der Fanclub „Bully Bully" eine Ermäßigung für die Fahrt und den Eintritt erhalten. Sie bezahlten insgesamt nur 120 €. Das sind 60 % des normalen Preises. Wie hoch war der normale Preis?**

2 **Herr Neumann wohnt in einem Dreifamilienhaus zur Miete. Er muss sich mit 35 % an den Kosten für den Wasserverbrauch beteiligen. Im letzten Jahr zahlte Herr Neumann 210 € Wassergeld.**

a) Wie hoch waren die Kosten für den Wasserverbrauch im ganzen Haus?

b) Der andere Mieter in dem Haus zahlt 180 € Wassergeld. Wie viel Prozent der Gesamtkosten sind das?

c) Die Hausbesitzerin übernimmt die restlichen Kosten. Wie viel Euro und wie viel Prozent sind das?

3 **Raucher sind stärker gefährdet an Lungenkrebs zu erkranken als Nichtraucher. In Deutschland waren im Jahr 2002 48 600 Menschen, die an Lungenkrebs gestorben sind, Raucher. Dies sind 90 % aller Menschen, die an Lungenkrebs gestorben sind. Wie viele Menschen sind insgesamt an Lungenkrebs gestorben?**

4 **Der Preis eines Produktes A wurde von 4 000 € auf 4 350 € erhöht. Ein Produkt B wurde von 14 600 € auf 16 279 € erhöht. Welcher Preis wurde prozentual stärker erhöht? Tipp: Berechne die jeweilige prozentuale Erhöhung und vergleiche!**

Viel Erfolg!

Aufgabe	1	2	3	4	∅
mögliche Punkte					
erreichte Punkte					

Lernzielkontrolle (A)	**Datum:** ____________
Thema: Negative Zahlen (1)	**Name:** ____________

1 Lies die Temperaturen von den Thermometern ab und schreibe diese auf.

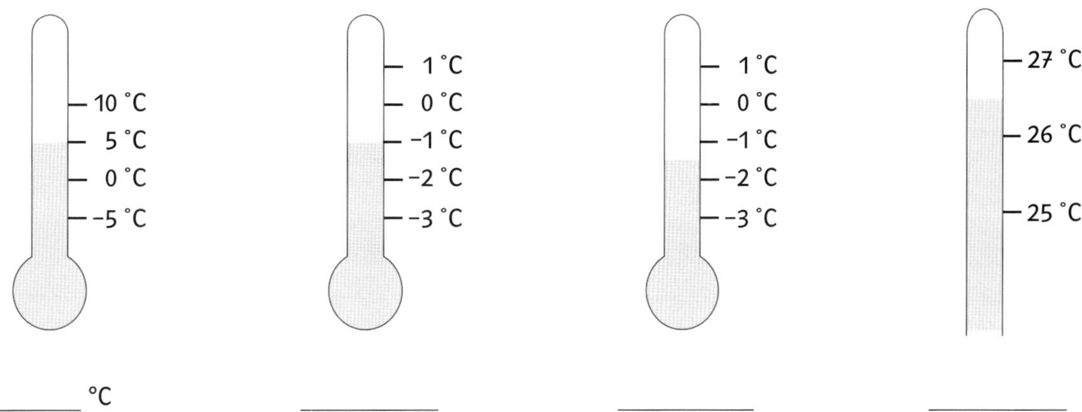

_______ °C   _________   _________   _________

2 Welche Zahlen wurden auf der Zahlengerade markiert? Schreibe in die Kästchen.

a)

b)

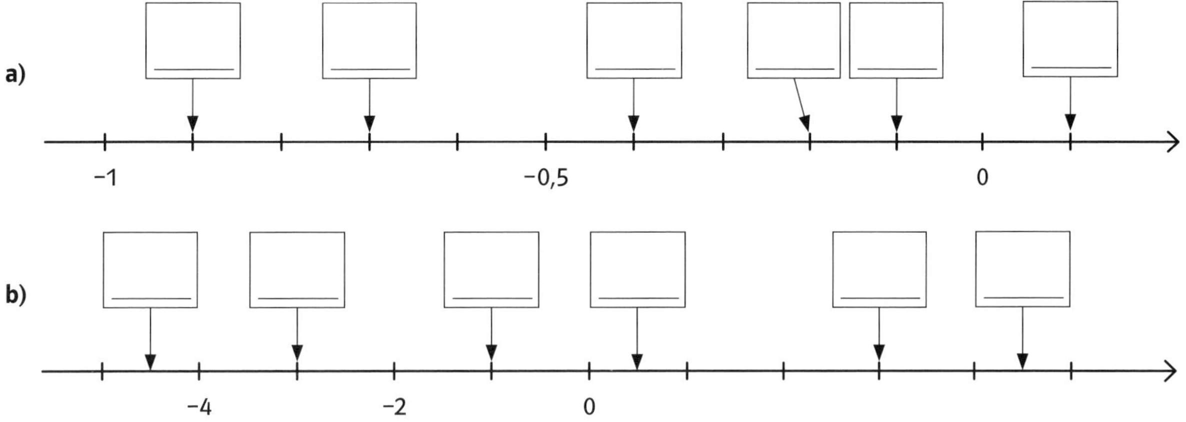

3 Frau Meier notiert am Monatsende immer ihren Kontostand.

a) Nummeriere die Kontostände ihrer Höhe nach durch. Beginne mit dem höchsten Stand.

b) Um wie viel Euro hat sich ihr Kontostand zwischen den einzelnen Monaten vergrößert/verkleinert?

Aufgabe	**Januar**	**Februar**	**März**	**April**	**Mai**
Kontostand	+900 € ☐	+650 € ☐	–30 € ☐	–280 € ☐	+130 € ☐

Lernzielkontrolle (A)	**Datum:** ______________
Thema: Negative Zahlen (2)	**Name:** ______________

4 **Kreuze die richtige Antwort an.**

3,5 ist größer als −2,7.	**−1,4 ist größer als 0,3.**	**−10,4 ist kleiner als −7,1.**	**0 ist kleiner als −0,2.**
☐ richtig ☐ falsch	☐ richtig ☐ falsch	☐ richtig ☐ falsch	☐ richtig ☐ falsch

5 **Sortiere von groß nach klein.**

−1,0 1,0 3,2 0,0 −2,9 0,9 −12,1

________ ; ________ ; ________ ; ________ ; ________ ; ________ ; ________

Viel Erfolg!

Aufgabe	**1**	**2**	**3**	**4**	**5**	**∅**
mögliche Punkte						
erreichte Punkte						

Lernzielkontrolle (B)	**Datum:** ______________
Thema: Negative Zahlen	**Name:** ______________

❶ Lies die Zahlen am Zahlenstrahl ab.

a)

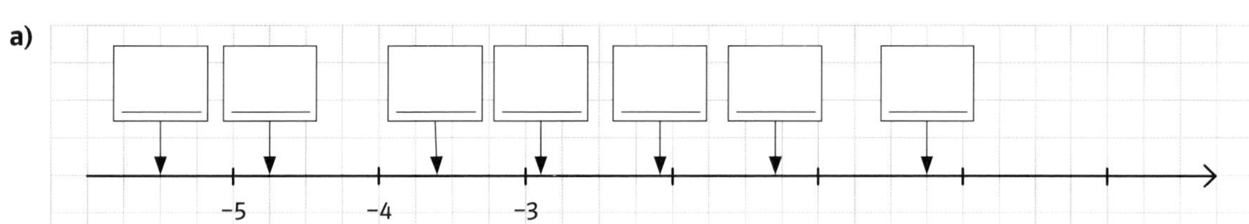

b)

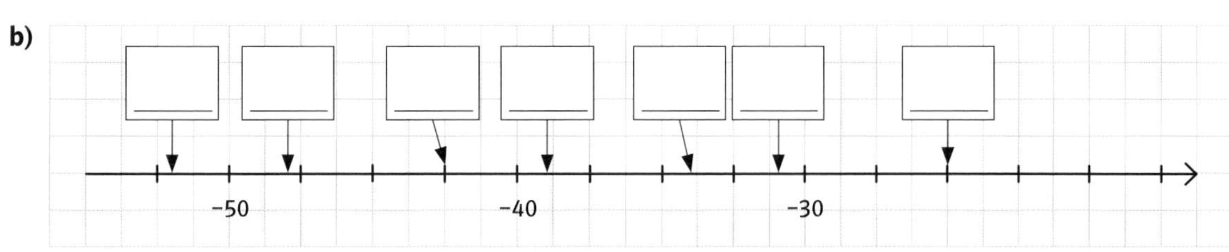

c)

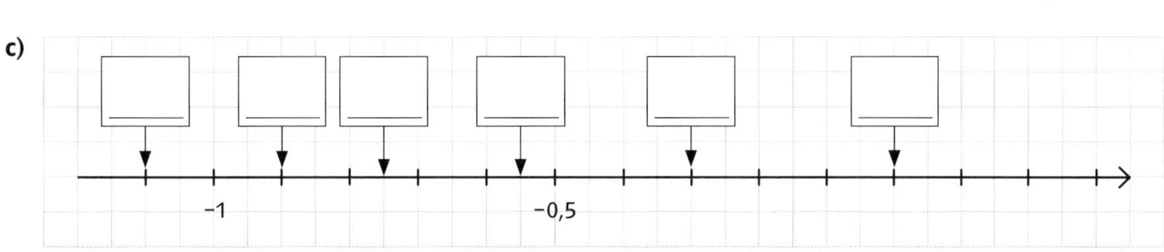

❷ Zeichne eine Zahlengerade von −4 bis +4. Trage folgende Zahlen in die Gerade ein:

2,5 −1,5 1,3 −3,25 $-\frac{1}{2}$ 3,2 $\frac{1}{4}$ −2,5

❸ In dem Diagramm sind die Temperaturen eingetragen, die am 10. Dezember 2018 in Frankfurt (Main) gemessen wurden. Trage die fehlenden Werte ein.

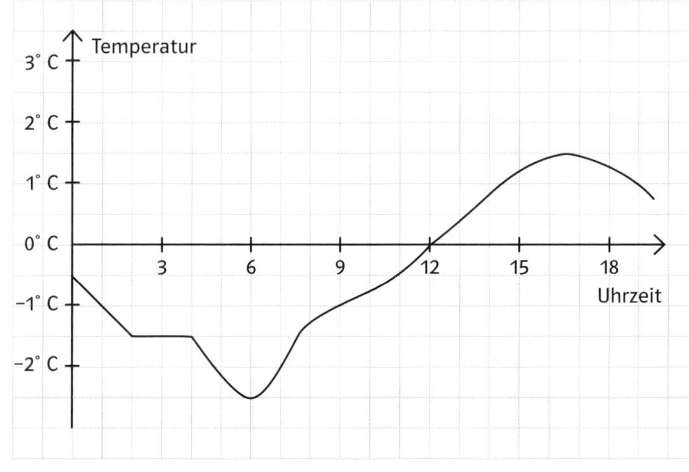

Uhrzeit	01 Uhr	02 Uhr	04 Uhr	05 Uhr	06 Uhr	09 Uhr
Temperatur						

Viel Erfolg!

Aufgabe	1	2	3	∅
mögliche Punkte				
erreichte Punkte				

Lernzielkontrolle (A)	**Datum:** ________________
Thema: Betrag und Gegenzahl	**Name:** ________________

1 **Vervollständige die Tabelle.**

Zahl	−1		5,1	−17,8			−459,25
Gegenzahl		−3,5			−9,9	0,3	

2 **Markiere die Gegenzahl auf der Zahlengerade.**

a)

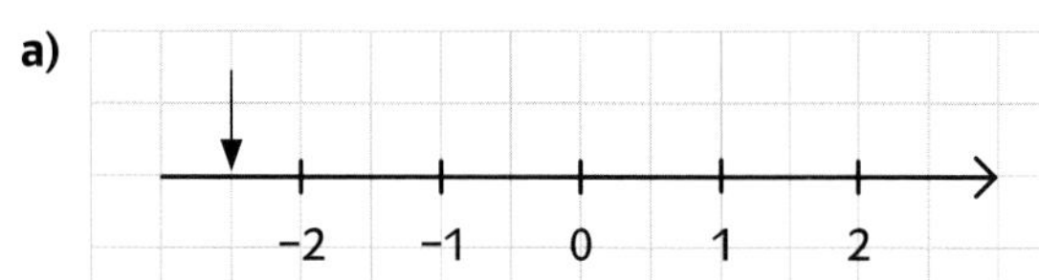

b)

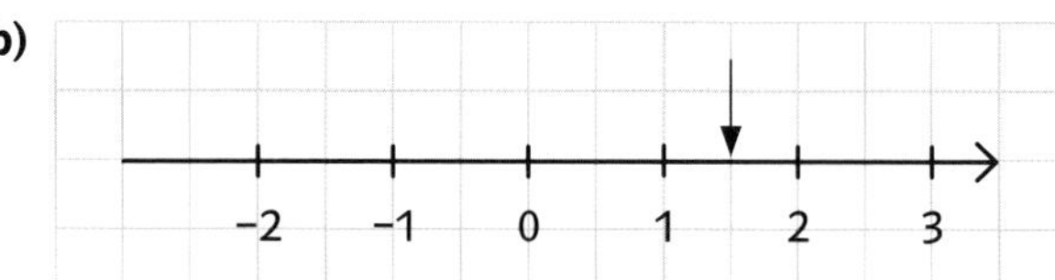

c)

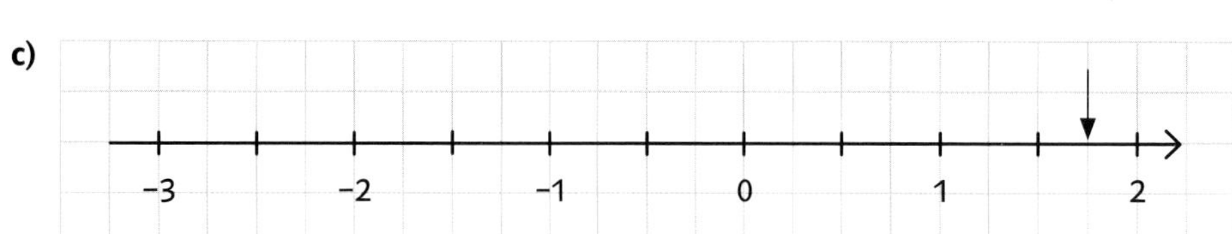

d)

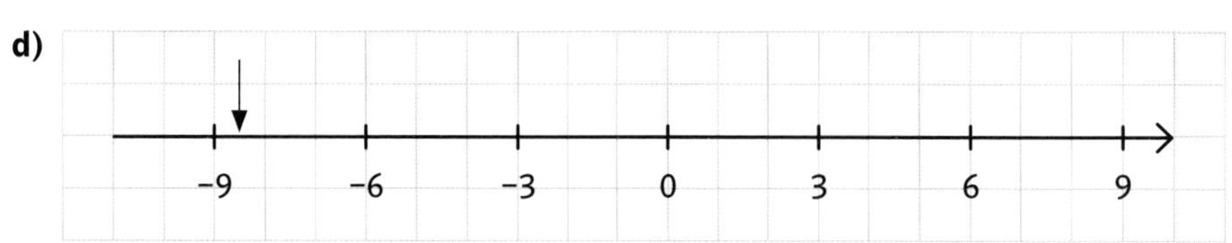

3 **Jonas fährt mit seinem Quad erst 3 Meter rückwärts und dann 2 Meter vorwärts.**

→ Jonas ist insgesamt ________ Meter gefahren.

4 **Setze das richtige Vorzeichen in die Kästchen ein.**

a) $\left|-\frac{2}{3}\right| = \square\frac{2}{3}$ **b)** $\square 1{,}4 = -1{,}4$ **c)** $2 > \square 2$ **d)** $|-3{,}5| = \square 3{,}5$

5 **Schreibe die fehlenden Temperaturangaben in die Lücken.**

a) 7,3 °C —(−2,5 °C)→ ☐ **b)** −3,4 °C —(+3,4 °C)→ ☐

c) ☐ —(−1,9 °C)→ 0,6 °C **d)** −1,8 °C —(☐)→ 1,8 °C

Viel Erfolg!

Aufgabe	1	2	3	4	5	Ø
mögliche Punkte						
erreichte Punkte						

Lernzielkontrolle (B)	**Datum:** ______________
Thema: Betrag und Gegenzahl	**Name:** ______________

1 Gib an, ob die Aussagen wahr (w) oder falsch (f) sind.

a) $|-6| < |-3|$ ______ **b)** $-6 < -3$ ______ **c)** $4 > -|8|$ ______

d) $|-5| > 0$ ______ **e)** $-2{,}35 < -2{,}36$ ______ **f)** $-0{,}4 > -0{,}5$ ______

g) $-\frac{2}{3} > -\frac{1}{3}$ ______ **h)** $\left|-\frac{2}{3}\right| < \left|-\frac{1}{3}\right|$ ______ **i)** $|15| > -16$ ______

2 Stelle die Aufgabe an der Zahlengerade dar und schreibe das Ergebnis in das Kästchen.

a) $2{,}4 - 3{,}9$

Ergebnis: ☐

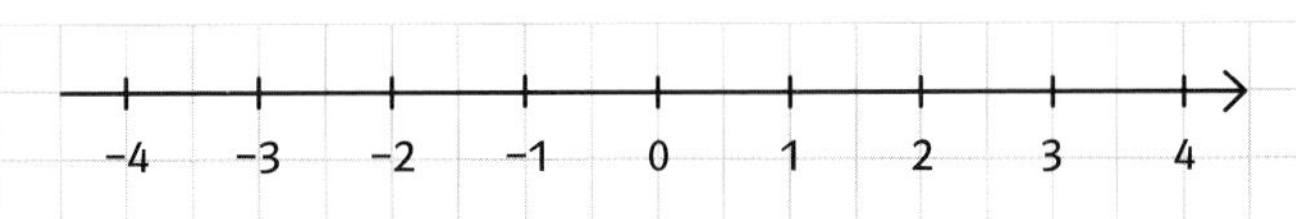

b) $-1{,}8 + (-0{,}9)$

Ergebnis: ☐

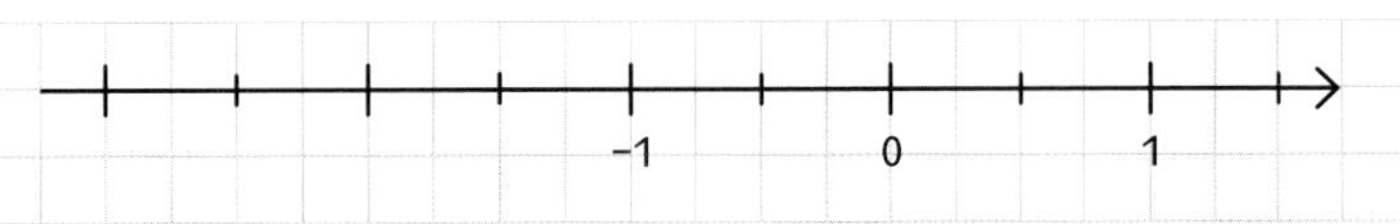

c) $0 + \left(-\frac{1}{2}\right) + 1\frac{1}{2}$

Ergebnis: ☐

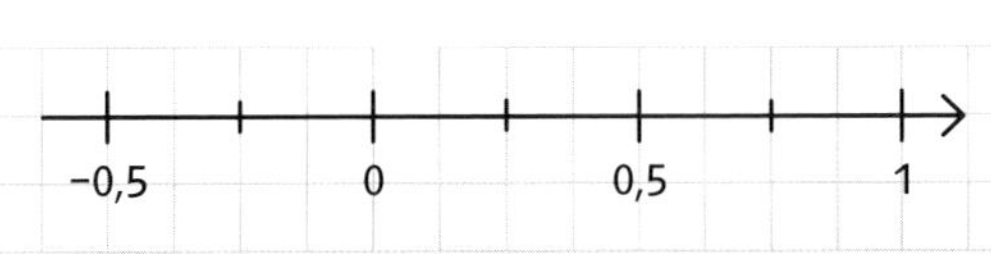

3 Kreuze die richtigen Antworten an.

☐ Der Abstand einer Zahl von 0 heißt Betrag dieser Zahl.

☐ Die Gegenzahl von einer Zahl ist immer negativ.

☐ Eine Zahl und ihre dazugehörige Gegenzahl haben denselben Betrag.

4 Vergleiche und setze <, = oder > ein.

a) $-1{,}5$ ☐ $|-1{,}5|$ **b)** $0{,}9$ ☐ $|-0{,}9|$ **c)** $2\frac{3}{4}$ ☐ $\left|-2\frac{3}{4}\right|$

d) $\left|-\frac{95}{112}\right|$ ☐ $-\frac{95}{112}$ **e)** 0 ☐ $\left|-\frac{1}{10}\right|$ f) $\left|-3\frac{1}{10}\right|$ ☐ $\left|-3\frac{1}{2}\right|$

5 Ordne die Zahlen der Größe nach. Beginne mit der Kleinsten.

0,87 −0,9 −0,15 |−0,2| 0 |−0,89|

__________; __________; __________; __________; __________; __________

Viel Erfolg!

Aufgabe	1	2	3	4	5	∅
mögliche Punkte						
erreichte Punkte						

Lernzielkontrolle (A)	**Datum:** ______________
Thema: Koordinatensystem (1)	**Name:** ______________

1 **Trage die Punkte in das Koordinatensystem ein.**

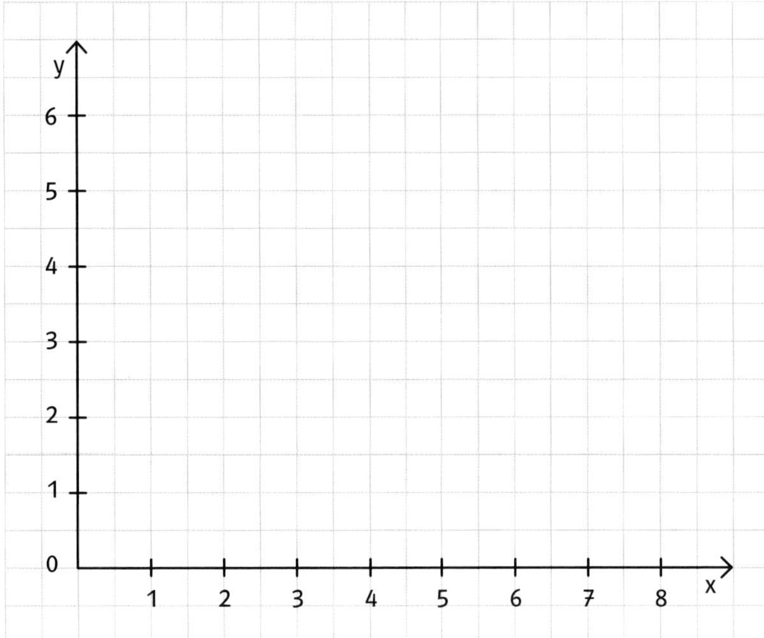

A (0 | 5)

B (2 | 1,5)

C (8 | 0,5)

D (4,5 | 6)

E (7 | 0)

F (8,5 | 4,5)

2 **Lies die Koordinaten der Punkte ab.**

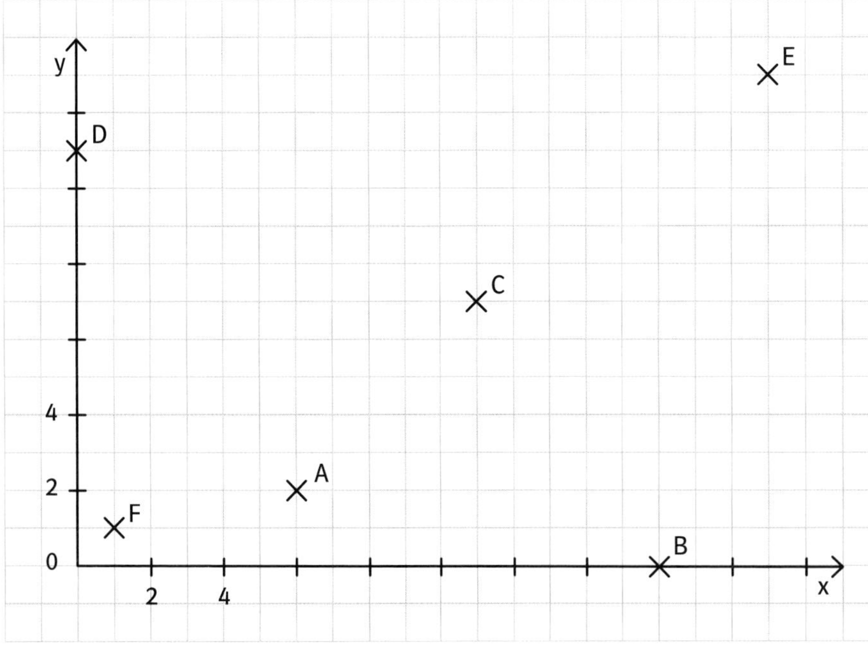

A (|)

B (|)

C (|)

D (|)

E (|)

F (|)

Lernzielkontrolle (A)	**Datum**: ______________
Thema: Koordinatensystem (2)	**Name**: ______________

3 **Ordne die Begriffe richtig zu und schreibe diese in die Kästchen.**

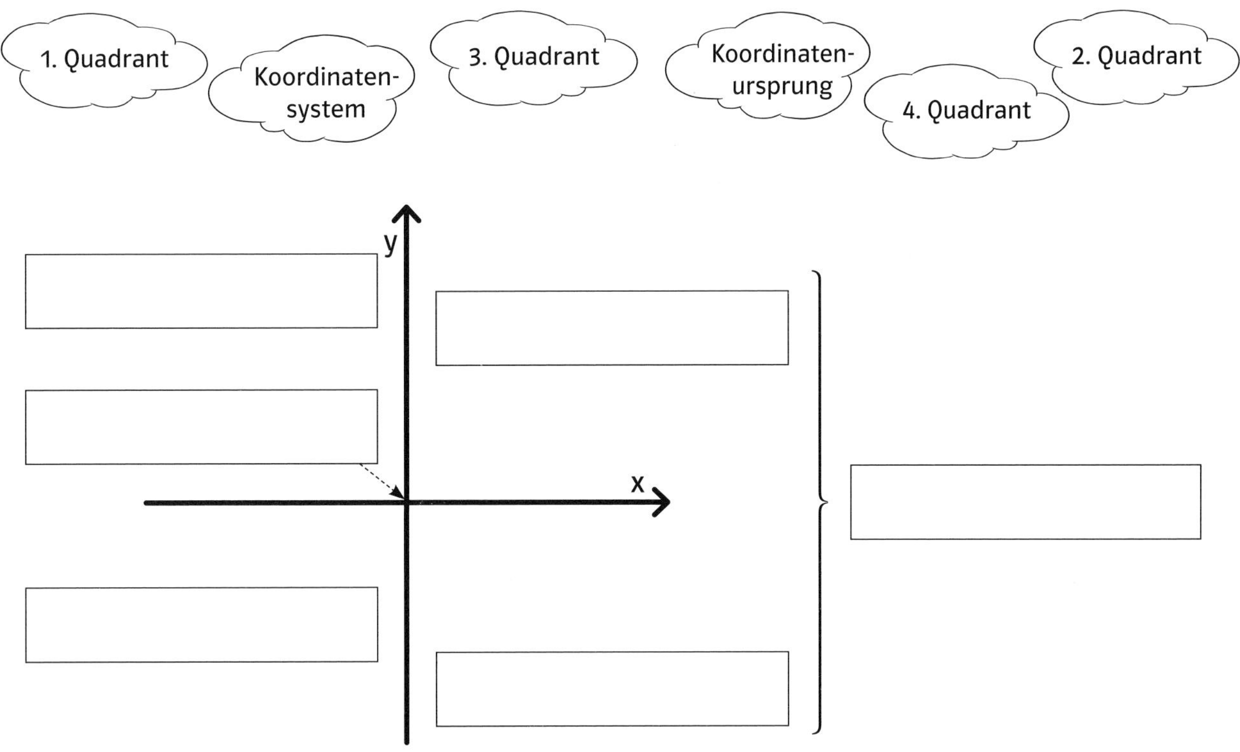

4 **Zeichne ein Koordinatensystem mit der Einheit 1 cm.**

a) Zeichne die Punkte A (−3 | 0), B (2 | 1), C (4,5|3) und D (−1 | 2) in das Koordinatensystem ein.

b) Zeichne das Viereck ABCD.

Viel Erfolg!

Aufgabe	1	2	3	4	∅
mögliche Punkte					
erreichte Punkte					

Lernzielkontrolle (B)	**Datum:** ____________
Thema: Koordinatensystem (1)	**Name:** ____________

1 **Schreibe die fehlenden Begriffe in die Kästchen.**

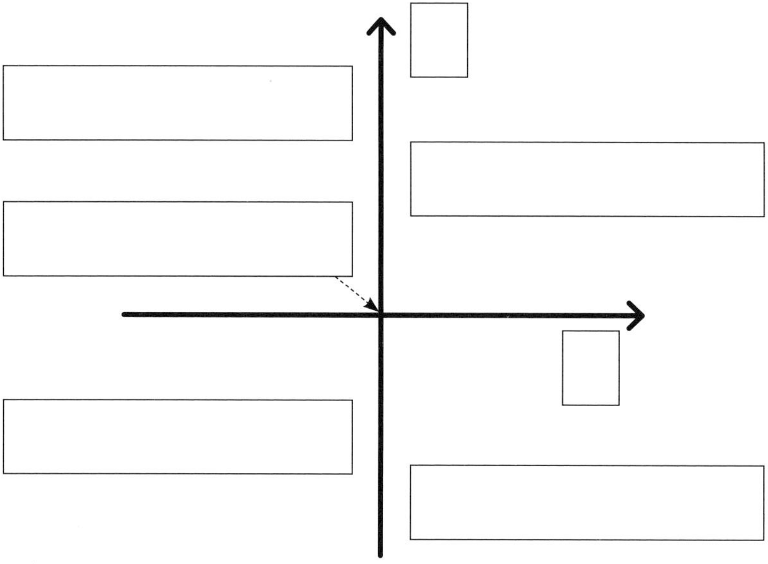

2 **Lies die Koordinaten der Punkte ab.**

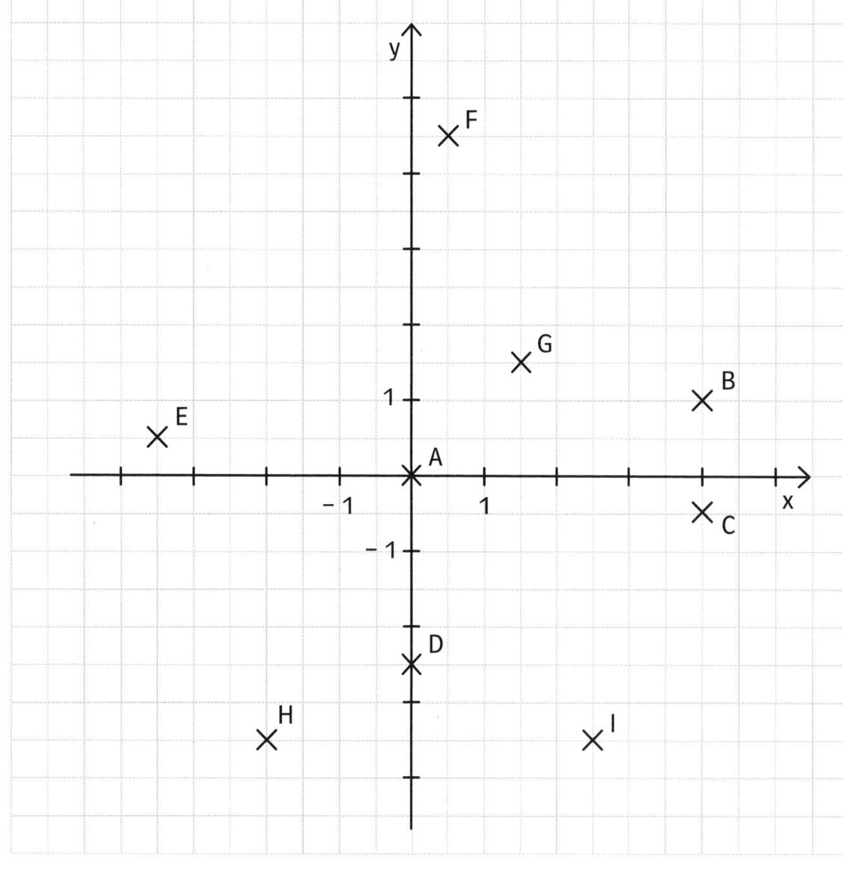

A (|)

B (|)

C (|)

D (|)

E (|)

F (|)

G (|)

H (|)

I (|)

Lernzielkontrolle (B)	**Datum:** ____________________
Thema: Koordinatensystem (2)	**Name:** ____________________

3 **In welchem Quadrat liegen die Punkte? Kreuze die richtige Antwort an.**

Punkt	(1,4|−2)	(−0,1|4)	$\left(-3 \middle\vert -\frac{1}{2}\right)$	$\left(\frac{7}{10} \middle\vert \frac{2}{3}\right)$	$\left(\frac{1}{4} \middle\vert \frac{1}{3}\right)$	$\left(-\frac{1}{4} \middle\vert 3\right)$	$\left(-\frac{1}{2} \middle\vert \frac{1}{2}\right)$
1. Quadrat							
2. Quadrat							
3. Quadrat							
4. Quadrat							

4 **Zeichne ein Koordinatensystem (Einheit 1 cm). Trage die Punkte ein und verbinde sie in der angegebenen Reihenfolge.**

a) A (−1, −3), B (2, −5), C (5, −3), D (5, 1), E (2, 3), F (−1, 1)
Reihenfolge: A, B, C, D, E, F , A

b) A′ (−2, −3), B′ (2, −3), C′ (2, 1), D′ (−2, 1), E′ (0, 4)
Reihenfolge: A′, B′, C′, A′, D′, C′, E′, D′

Viel Erfolg!

Aufgabe	1	2	3	4	Ø
mögliche Punkte					
erreichte Punkte					

Lernzielkontrolle (A)	**Datum:** ________________
Thema: Addition und Subtraktion rationaler Zahlen	**Name:** ________________

1 Berechne.

a) $(+8) + (+2)$

$(+12{,}5) + (-3{,}5)$

$(-9{,}9) + (+19{,}8)$

b) $(+10) + (-14)$

$(+50) + (-50)$

$\left(-\frac{3}{4}\right) + \left(+\frac{1}{4}\right)$

c) $(-3) + (+5)$

$(+1) + \left(+\frac{1}{2}\right)$

$\left(+\frac{1}{2}\right) + (-1)$

2 Berechne.

a) $(+85) - (+25)$

$(+57) - (-23)$

b) $(+109) - (+73)$

$(-2{,}5) - (+1{,}5)$

c) $(+72) - (+49)$

$(-15) - (-15)$

3 Bestimme die Lösungen und schreibe in die Kästchen.

a)

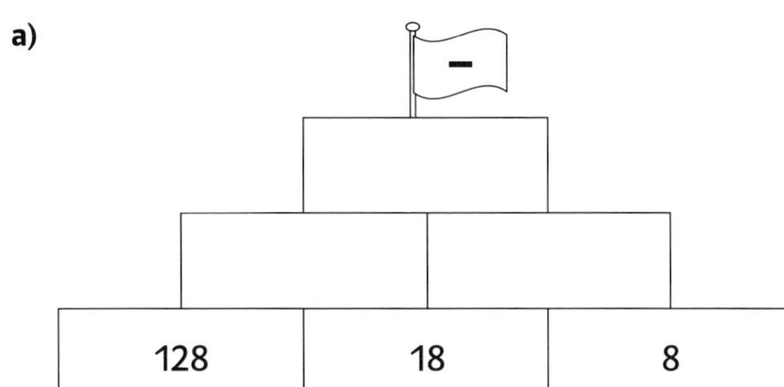

b)

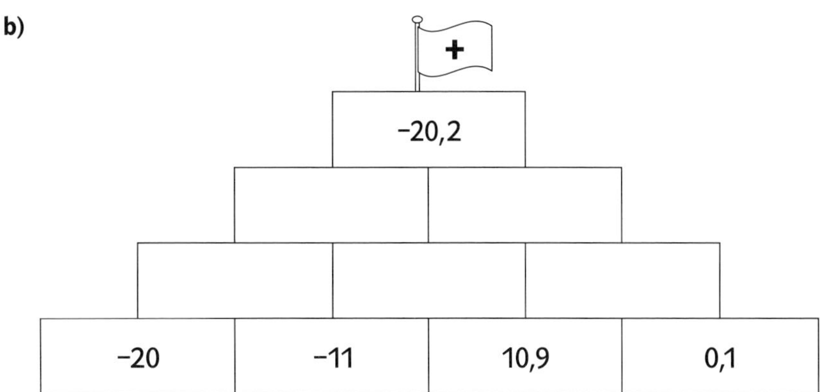

Viel Erfolg!

Aufgabe	1	2	3	∅
mögliche Punkte				
erreichte Punkte				

Lernzielkontrolle (B)	**Datum:** ____________________
Thema: Addition und Subtraktion rationaler Zahlen	**Name:** ____________________

1 Berechne.

a) $(-13) + (+21)$

$(+24) - (+17)$

$(+3{,}6) - (-9{,}7)$

$\left(+\frac{1}{2}\right) - (-6)$

b) $(+4) - (+7)$

$(-6) + (-8)$

$(-7{,}4) - (+3{,}3)$

$\left(+\frac{3}{4}\right) - \left(+6\frac{1}{4}\right)$

c) $(+12) + (+24)$

$(-15) - (-43)$

$(-6{,}8) + (-8{,}8)$

$\left(-\frac{2}{3}\right) - \left(\frac{3}{9}\right)$

2 Yannik und Jonas sind verabredet. Yannik kommt 7 Minuten zu früh, Jonas 8 Minuten zu spät. Wie lange muss Yannik auf Jonas warten?
Tipp: Löse mithilfe einer Subtraktionsaufgabe.

3 Überprüfe und trage das richtige Zeichen ein (<, > oder =).

a) $(+25) + (-9)$ ☐ (-16)

b) $(-19{,}5) + (+7)$ ☐ $(+19{,}5) - (+7)$

c) $\left(+\frac{1}{2}\right) - \left(-1\frac{1}{2}\right)$ ☐ 0

d) $(+2{,}5) + (-1{,}5)$ ☐ $(-3{,}2) - (-4{,}2)$

Viel Erfolg!

Aufgabe	1	2	3	∅
mögliche Punkte				
erreichte Punkte				

Lernzielkontrolle (A)	**Datum:** ______________
Thema: Multiplikation und Division rationaler Zahlen	**Name:** ______________

1 Berechne.

a) $(+3{,}5) \cdot 4$

$(-5{,}7) \cdot 2$

b) $\left(-\frac{1}{2}\right) \cdot 6$

$\left(\frac{3}{4}\right) \cdot 4$

2 Schreibe als Produkt.

a) $(+7) + (+7) + (+7) + (+7) + (+7) =$ ________ $\cdot (+7)$

b) $(-9) + (-9) + (-9) + (-9) =$ ________ $\cdot$ ________

c) $\frac{1}{3} + \frac{1}{3} + \frac{1}{3} =$ ________ $\cdot$ ________

3 Schreibe eine Zahl in das Kästchen, sodass eine wahre Aussage entsteht.

a) $(-3) \cdot \square = -24$

b) $\square \cdot \left(-\frac{1}{2}\right) = -2$

4 Multipliziere.

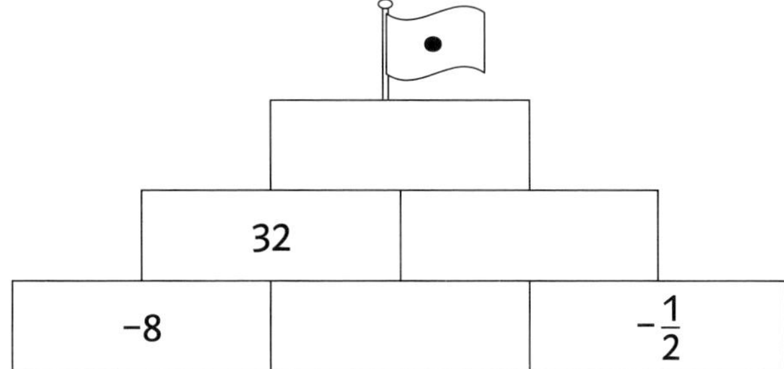

5 Berechne.

a) $(-16) : (+4)$

$(-27) : (-3)$

b) $(+9) : \left(-\frac{1}{2}\right)$

$(-18) : (+1{,}5)$

6 Schreibe in das Kästchen die passende Zahl.

a) $(-63) : \square = 7$

b) $\square : (-4) = (-25)$

Viel Erfolg!

Aufgabe	1	2	3	4	5	6	∅
mögliche Punkte							
erreichte Punkte							

Lernzielkontrolle (B)	**Datum:** ______________
Thema: Multiplikation und Division rationaler Zahlen	**Name:** ______________

1 Berechne.

a) $-3 \cdot (+7)$ **b)** $-(-10)$ **c)** $3{,}5 \cdot (-1)$

d) $(-4) \cdot (-0{,}5)$ **e)** $(-72) : 8$ **f)** $\left(-\frac{1}{2}\right) \cdot \frac{4}{3}$

g) $(-2)^2$ **h)** $\left(-\frac{1}{10}\right)^2$ **i)** $(-108) : (-9)$

2 Berechne.

a) $(-9)^2 + 13$ **b)** $[(-5) + (-3)] \cdot (-6)$ **c)** $(-4{,}6) \cdot (-2) - 3{,}7 \cdot (-3)$

d) $(-7 + 5) \cdot 3$ **e)** $(19 + 22 - 28) : (-25)$ **f)** $[5 - ((-3) + (-4))] \cdot (-1)$

3 Setze für x eine Zahl ein, sodass eine wahre Aussage entsteht.

a) $3{,}5 \cdot x = -7$ **b)** $x \cdot (-2{,}5) = 6{,}25$ **c)** $\frac{x}{2} = -16$

4 Berechne.

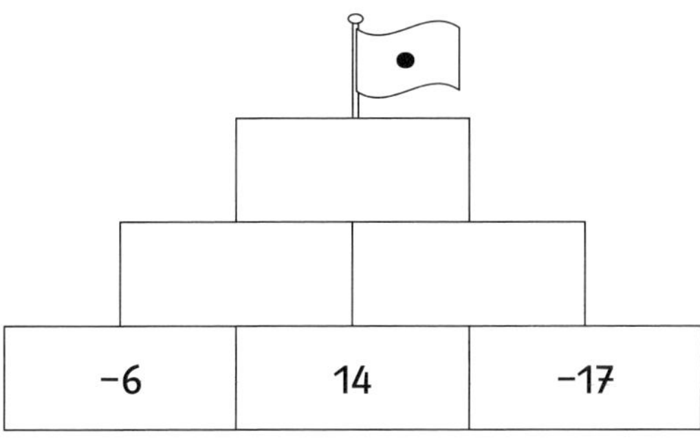

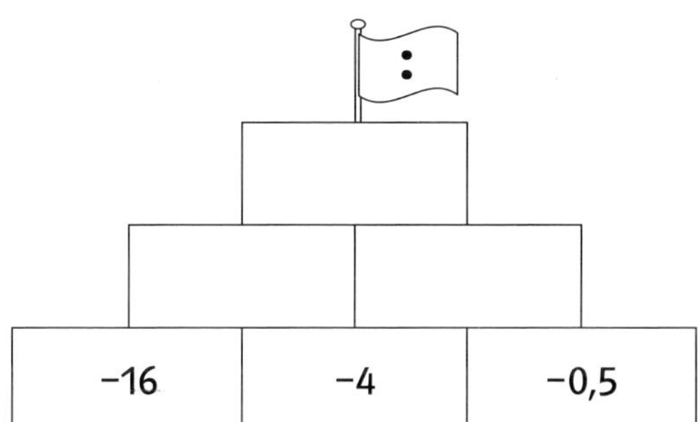

Viel Erfolg!

Aufgabe	1	2	3	4	∅
mögliche Punkte					
erreichte Punkte					

Lernzielkontrolle (A)	**Datum**: ______________
Thema: Winkelberechnungen am Dreieck (1)	**Name**: ______________

1 **Verbinde den passenden Winkelsatz.**

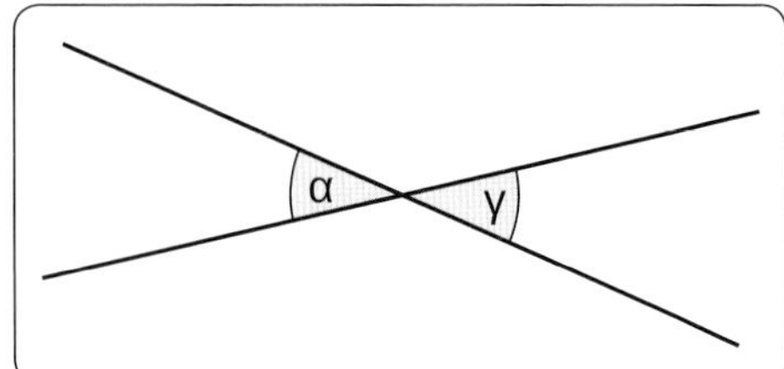

Nebenwinkel

Scheitelwinkel

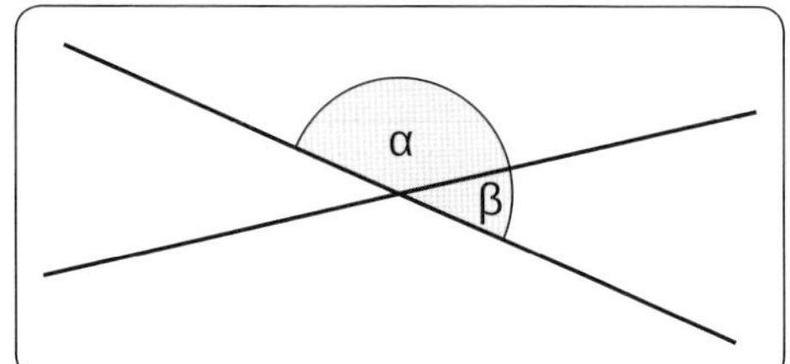

2 **Kreuze den richtigen Winkelsatz an.**

a)

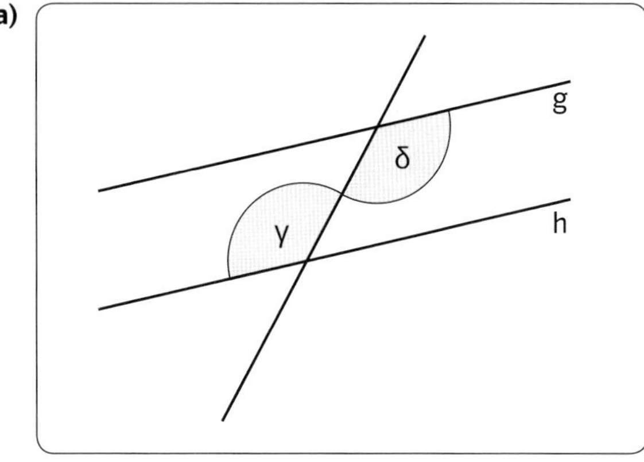

- ☐ Scheitelwinkel
- ☐ Stufenwinkel
- ☐ Nebenwinkel
- ☐ Wechselwinkel

b)

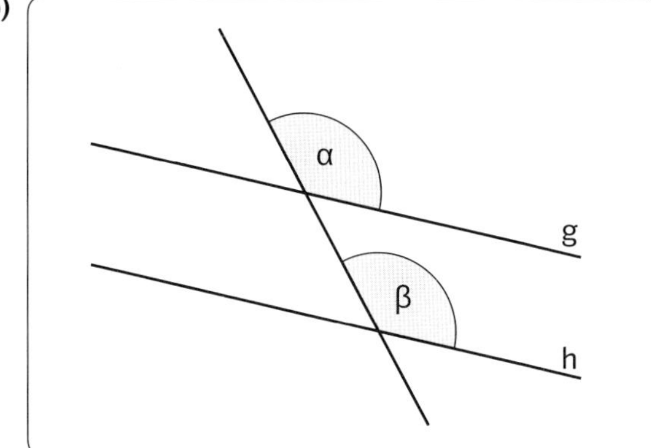

- ☐ Scheitelwinkel
- ☐ Stufenwinkel
- ☐ Nebenwinkel
- ☐ Wechselwinkel

3 **Bestimme die Größe der Winkel. Schreibe die Ergebnisse in die Kästchen.**

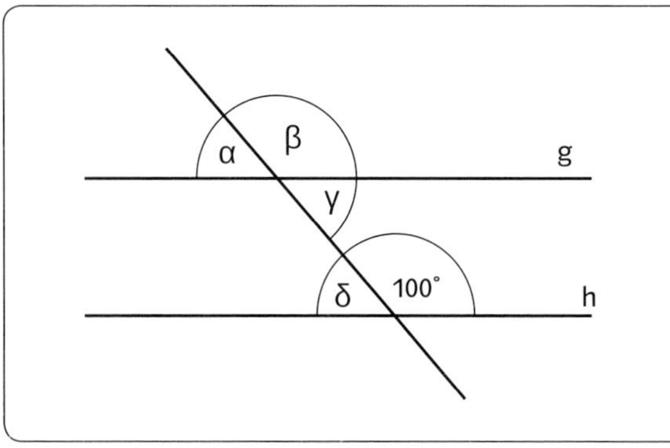

α = ☐

β = ☐

γ = ☐

δ = ☐

Lernzielkontrolle (A)	**Datum:** ______________________
Thema: Winkelberechnungen am Dreieck (2)	**Name:** ______________________

4 **Setze den passenden Begriff ein.**

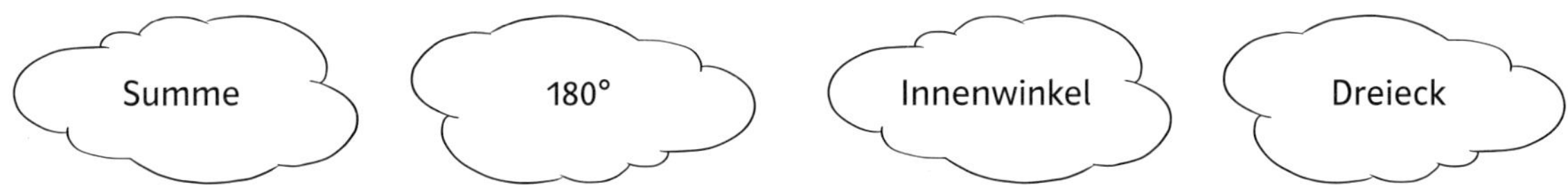

Merksatz: In jedem ______________________ beträgt

die ______________________ aller ______________________

immer ______________________.

5 **Bestimme die fehlenden Winkel.**

a)

α = __________

b)

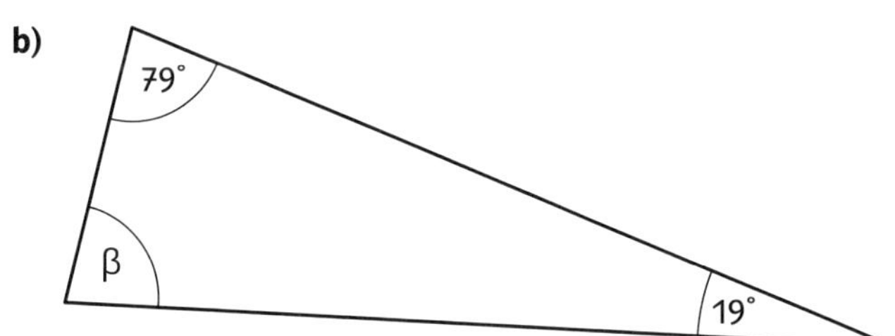

β = __________

Viel Erfolg!

Aufgabe	1	2	3	4	5	Ø
mögliche Punkte						
erreichte Punkte						

Lernzielkontrolle (B)	**Datum:** ______________________
Thema: Winkelberechnungen am Dreieck (1)	**Name:** ______________________

1 **Notiere die Eigenschaften von Nebenwinkeln und gegenüberliegenden Winkeln im Parallelogramm.**

____

____

____

____

____

____

2 **Verbinde die Abbildung mit der passenden Aussage.**

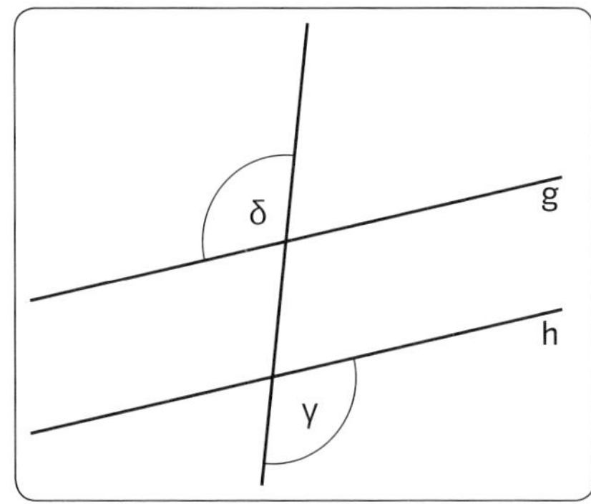

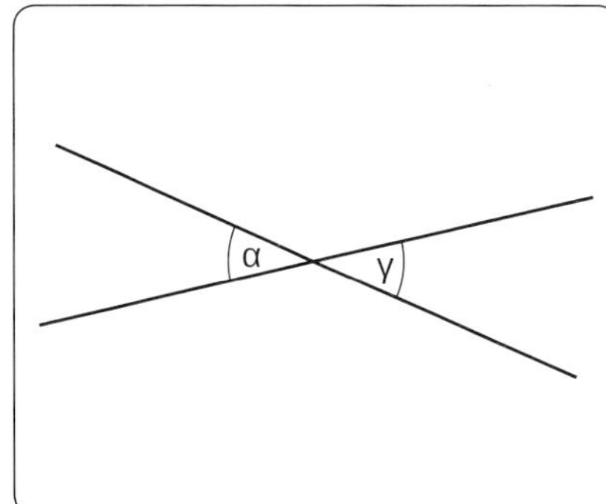

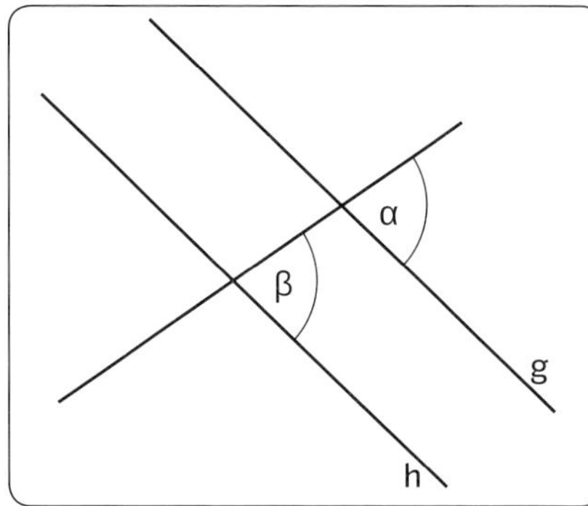

Gegenüberliegende Winkel sind Scheitelwinkel.	Die beiden Winkel sind Stufenwinkel zueinander.	Die beiden Winkel sind Wechselwinkel zueinander.

3 **Berechne die einzelnen Winkelgrößen.**

a)

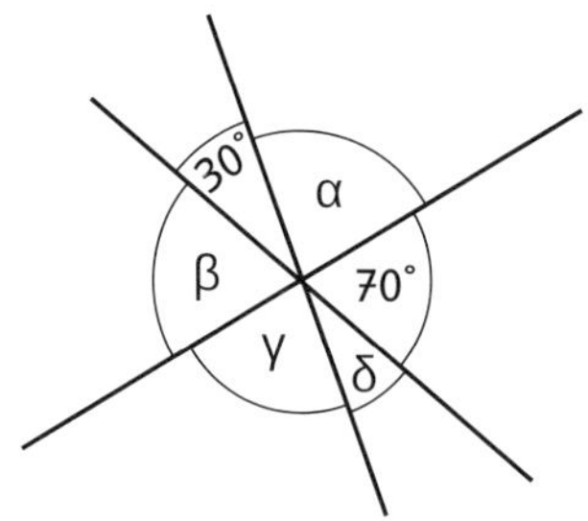

b)

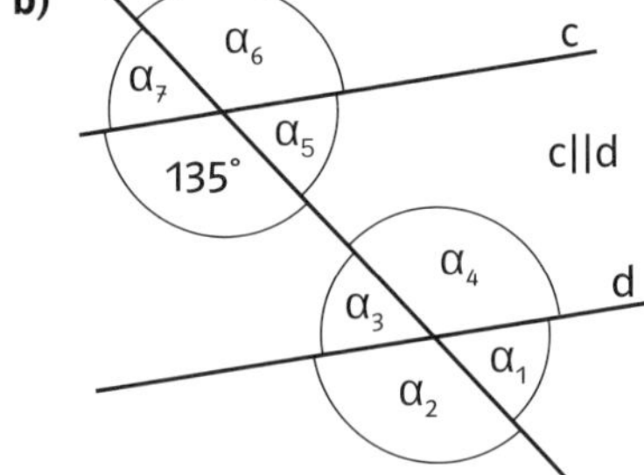

Lernzielkontrolle (B)	**Datum:** ____________________
Thema: Winkelberechnungen am Dreieck (2)	**Name:** ____________________

4 **Berechne die gesuchten Winkel.**

a)

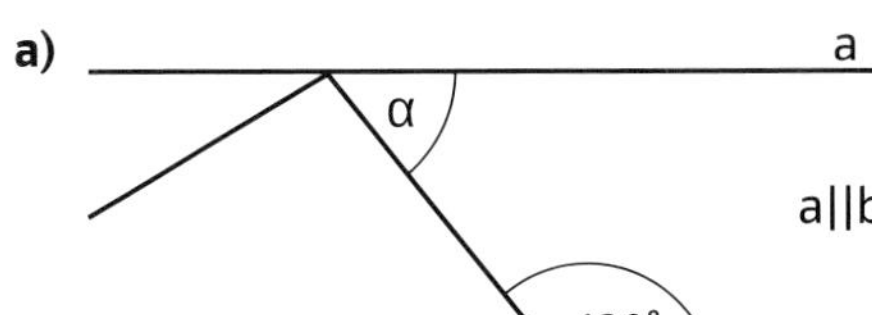

b)

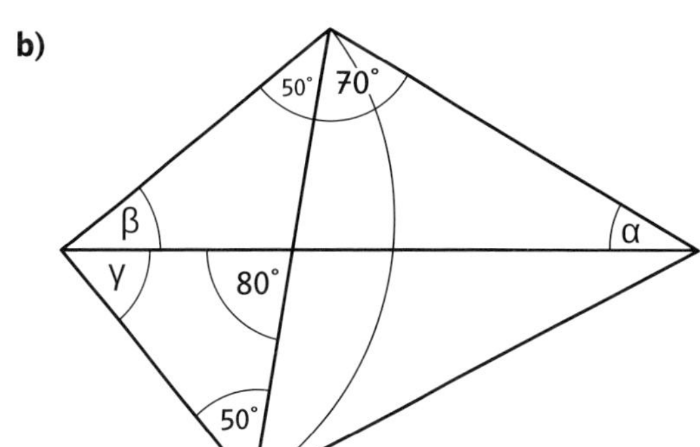

5 **Berechne die fehlenden Winkel mit dem Winkelsummensatz.**

a)

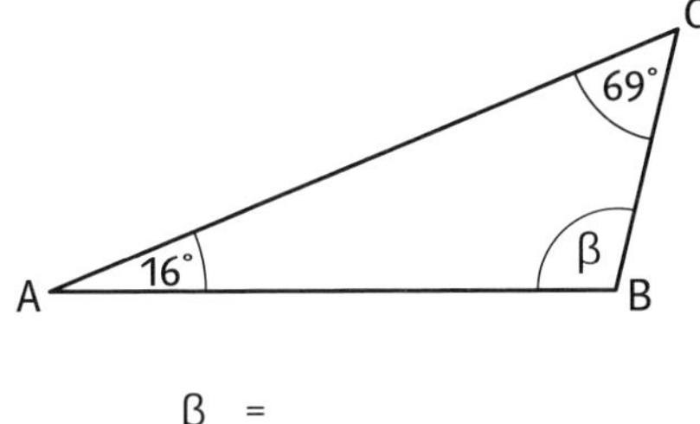

β = ____________

b)

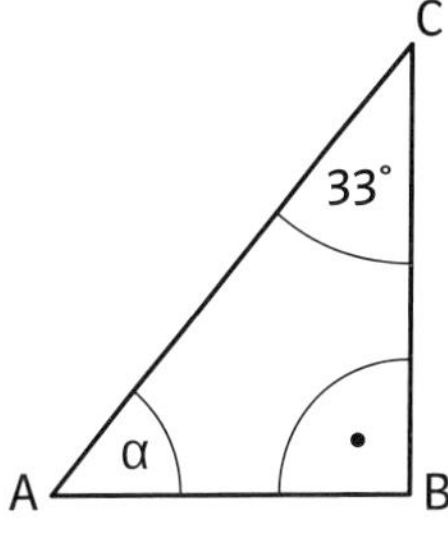

α = ____________

β = ____________

c)

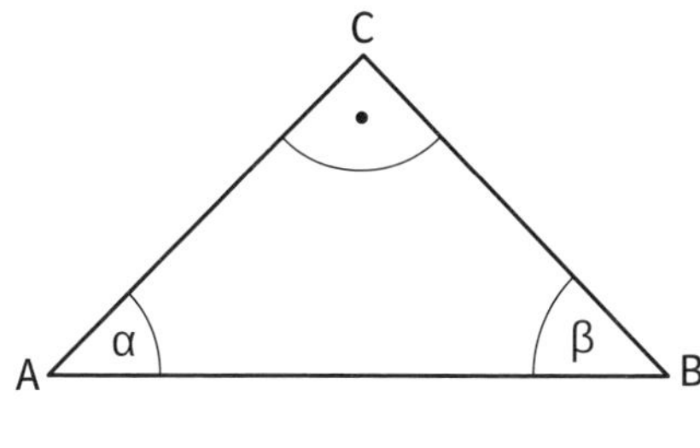

α = ____________

β = ____________

d)

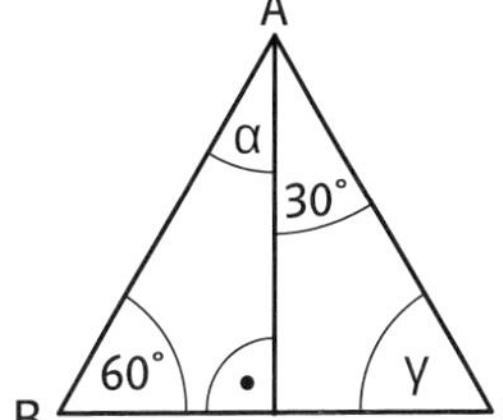

α = ____________

γ = ____________

Viel Erfolg!

Aufgabe	1	2	3	4	5	∅
mögliche Punkte						
erreichte Punkte						

Lernzielkontrolle (A) **Datum:** ____________________

Thema: Klassifizierung von Dreiecksformen (1) **Name:** ____________________

1 Verbinde mit der passenden Beschreibung.

rechter Winkel | spitzer Winkel | stumpfer Winkel

zwischen 90° und 180° | zwischen 0° und 90° | 90°

2 Kreuze jeweils die Lösung an.

120°

☐ rechtwinkliges Dreieck
☐ spitzwinkliges Dreieck
☐ stumpfwinkliges Dreieck

☐ rechtwinkliges Dreieck
☐ spitzwinkliges Dreieck
☐ stumpfwinkliges Dreieck

☐ rechtwinkliges Dreieck
☐ spitzwinkliges Dreieck
☐ stumpfwinkliges Dreieck

3 Überprüfe und schreibe (w) für wahr oder (f) für falsch hinter die Aussage.

Bei gleichschenkligen Dreiecken sind alle Seiten unterschiedlich lang. ☐

Bei gleichseitigen Dreiecken sind alle Seiten gleich lang. ☐

Bei gleichschenkligen Dreiecken sind zwei Seiten gleich lang. ☐

Bei gleichseitigen Dreiecken gibt es einen rechten Winkel. ☐

Lernzielkontrolle (A)	**Datum:** ______________
Thema: Klassifizierung von Dreiecksformen (2)	**Name:** ______________

4 **Trage die Punkte in das Koordinatensystem ein: A (4|1), B (4|3), C (1|1).**

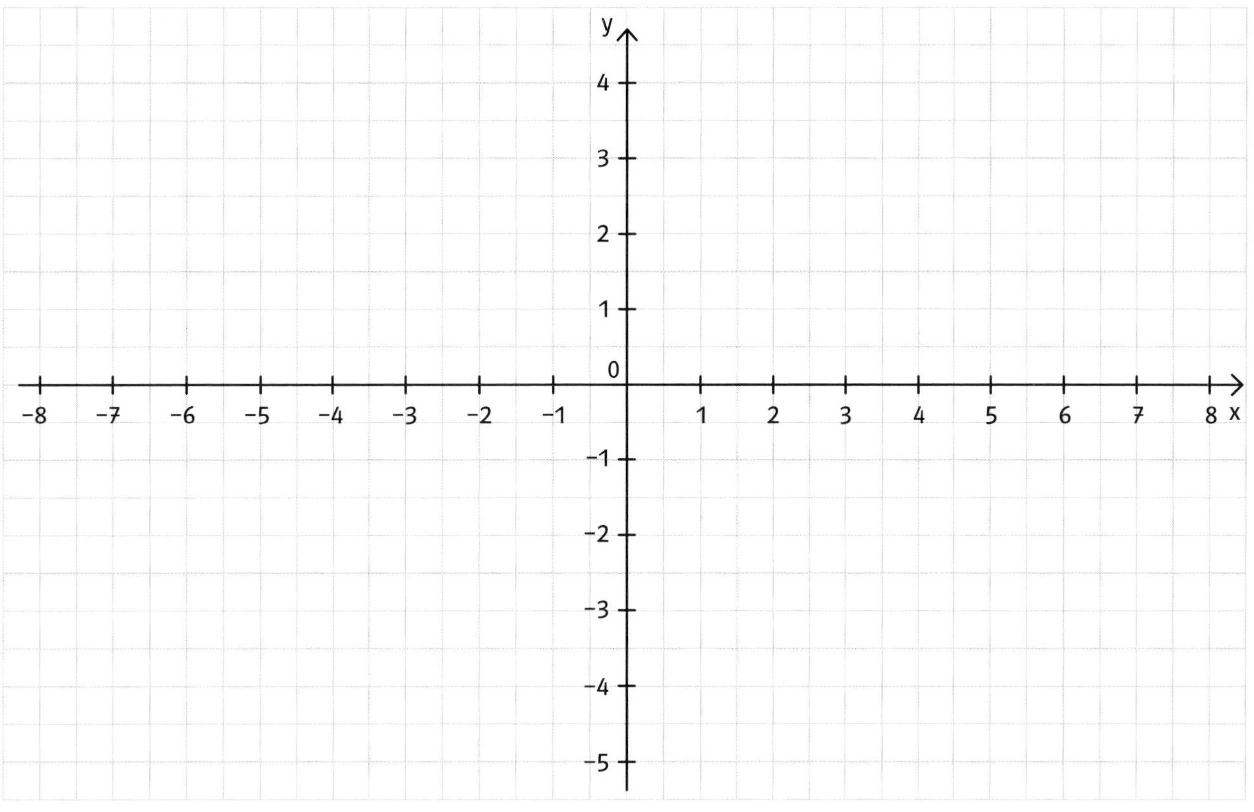

Entscheide und kreuze die richtige Antwort an.

☐ rechtwinkliges Dreieck

☐ spitzwinkliges Dreieck

☐ stumpfwinkliges Dreieck

Viel Erfolg!

Aufgabe	1	2	3	4	∅
mögliche Punkte					
erreichte Punkte					

Lernzielkontrolle (B) | **Datum:** ____________________

Thema: Klassifizierung von Dreiecksformen | **Name:** ____________________

❶ Kreuze an, ob es sich um einen spitzen (sp), rechtwinkligen (re) oder stumpfen (st) Winkel handelt.

a)

☐ sp ☐ re ☐ st

b)

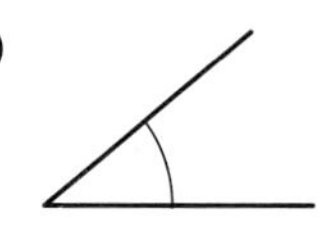

☐ sp ☐ re ☐ st

❷ Schreibe den jeweils fehlenden Begriff in die Lücken.

a) Ein Dreieck heißt ____________________, wenn es einen Winkel von 90° besitzt.

b) Ein Dreieck heißt ____________________, wenn es einen Winkel zwischen 90° und 180° besitzt.

c) Ein Dreieck heißt ____________________, wenn alle drei Winkel jeweils kleiner als 90° sind.

❸ Konstruiere ein gleichseitiges Dreieck ABC mit a = 2,5 cm und beschrifte das Dreieck.

❹ Konstruiere ein gleichschenkliges Dreieck ABC mit a = b = 3 cm und γ = 40°.

Viel Erfolg!

Aufgabe	1	2	3	4	∅
mögliche Punkte					
erreichte Punkte					

Lernzielkontrolle (A)	**Datum:** ______________________
Thema: Konstruktionen von Dreiecken I	**Name:** ______________________

1 **Schreibe die Koordinaten in die Lücken.**

a)

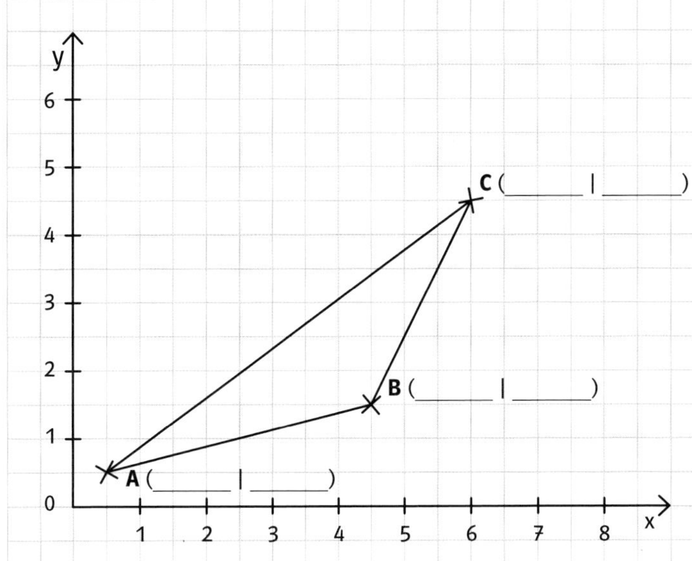

b)

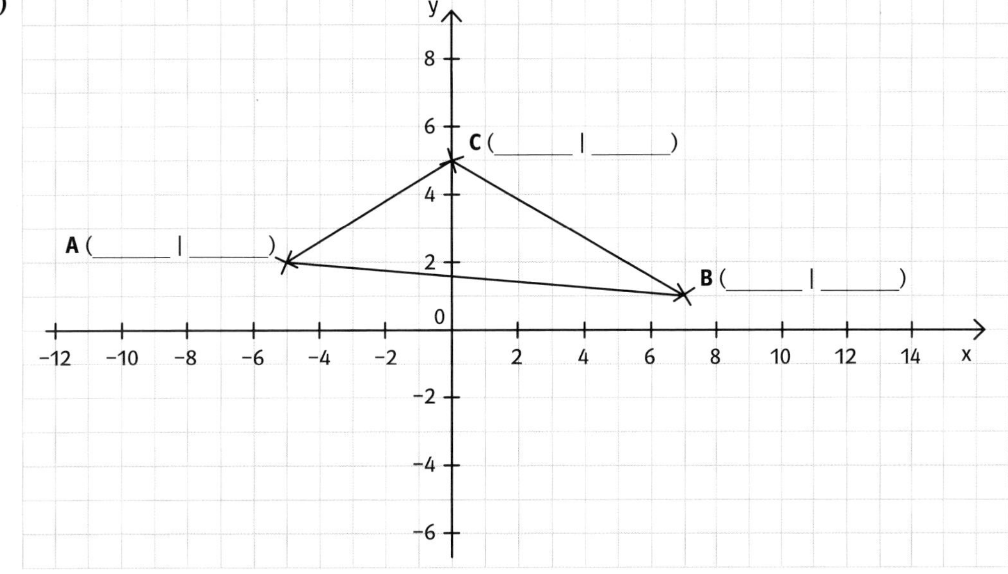

2 **Trage die Punkte in ein Koordinatensystem ein. Verbinde die Punkte zu Dreiecken.**

a) A (5|2), B (3|4), C (0|0)

b) A (2,5|−1), B (0|3,5), C (−2|−2,5)

Viel Erfolg!

Aufgabe	1	2	Ø
mögliche Punkte			
erreichte Punkte			

Lernzielkontrolle (B)	**Datum:** ______________________
Thema: Konstruktionen von Dreiecken I	**Name:** ______________________

1 **Entnehme dem Koordinatensystem die Punkte.**

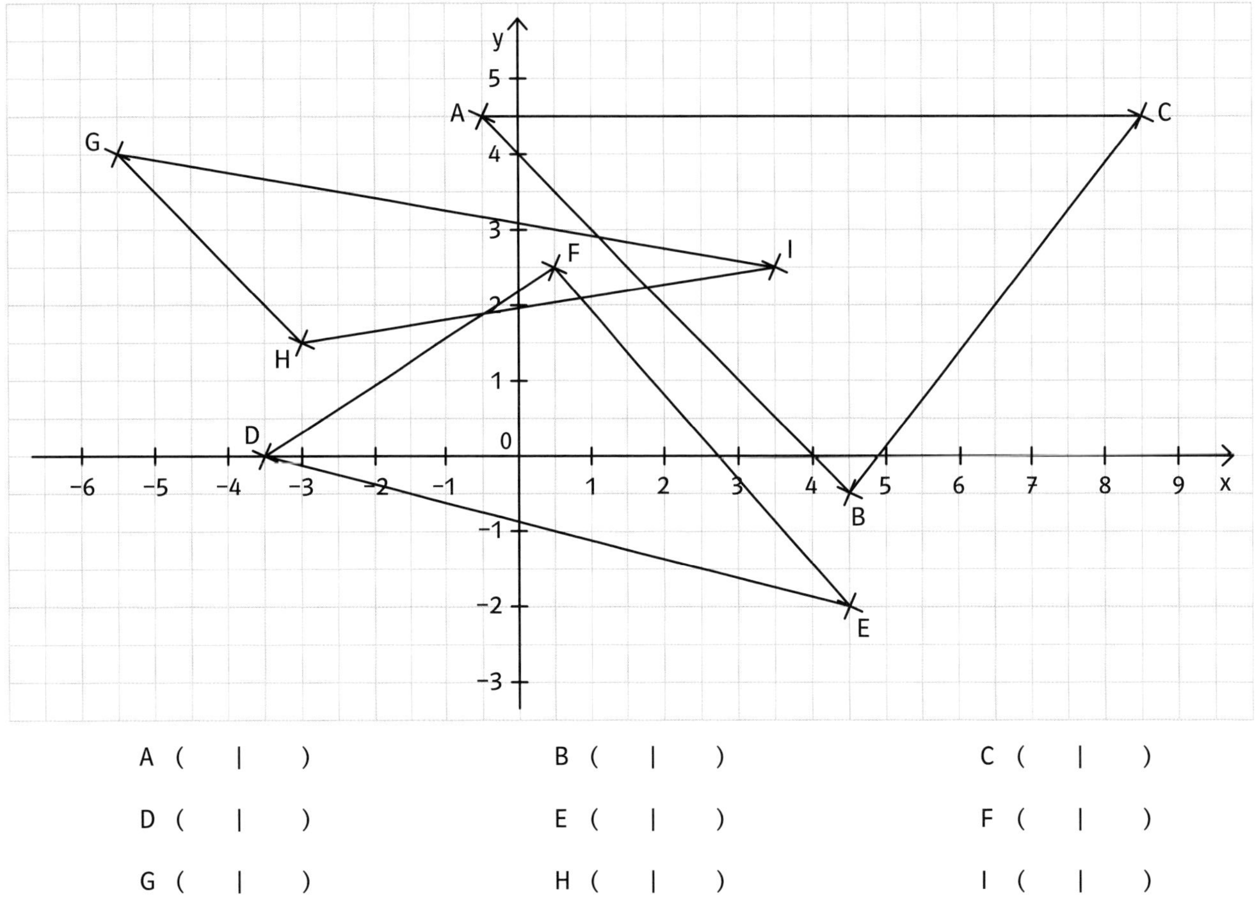

A (|) B (|) C (|)

D (|) E (|) F (|)

G (|) H (|) I (|)

2 **Zeichne ein geeignetes Koordinatensystem mit vier Quadranten und der Einheit 1 cm. Trage die Punkte ein und verbinde sie jeweils zu einem Dreieck.**

△ ABC	△ DEF	△ GHI
A (2|6)	D (−3|4,5)	G (−3|−3)
B (−2|−1)	E (2|−3,5)	H (4|−0,5)
C (0,5|0)	F (5|0,5)	I (5,5|5,5)

Viel Erfolg!

Aufgabe	1	2	Ø
mögliche Punkte			
erreichte Punkte			

Lernzielkontrolle (A) | **Datum:** ____________________

Thema: Konstruktionen von Dreiecken II | **Name:** ____________________

❶ Konstruiere das folgende Trapez: a = 5,5 cm; b = 4,3 cm; β = 80°; α = 65° (a || c).

❷ Konstruiere eine Raute mit d = 6 cm; α = 68°.

❸ Konstruiere das folgende Dreiecke: a = 6,3 cm; b = 4,8 cm; c = 7,5 cm.

**❹ An ein Haus wird in einer Höhe von 6,50 m eine Leiter gelehnt.
Der Abstand des Leiterfußes zum Haus beträgt 2,50 m.
Fertige eine Zeichnung an (1 m = 1 cm) und bestimme daran die Länge der Leiter.**

❺ Kreuze die richtige Antwort an.

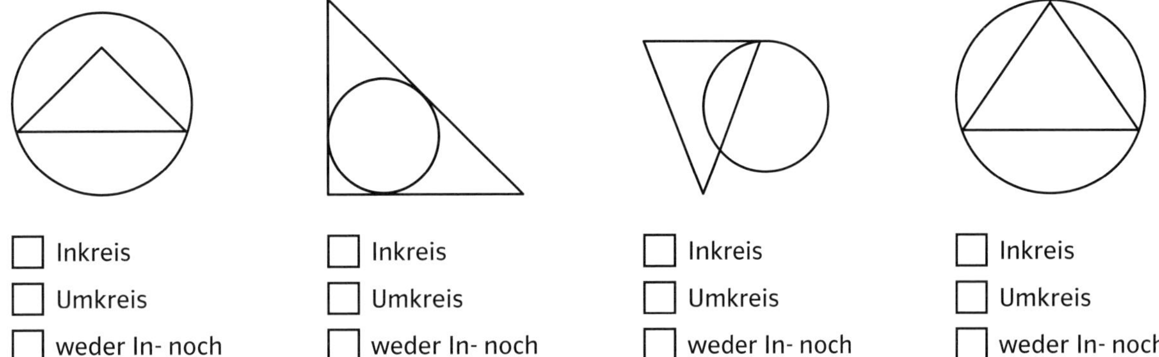

☐ Inkreis	☐ Inkreis	☐ Inkreis	☐ Inkreis
☐ Umkreis	☐ Umkreis	☐ Umkreis	☐ Umkreis
☐ weder In- noch Umkreis	☐ weder In- noch Umkreis	☐ weder In- noch Umkreis	☐ weder In- noch Umkreis

Viel Erfolg!

Aufgabe	1	2	3	4	5	∅
mögliche Punkte						
erreichte Punkte						

Lernzielkontrolle (B)	**Datum:** ____________
Thema: Konstruktionen von Dreiecken II	**Name:** ____________

1 **Konstruiere das folgende Trapez: b = 5,6 cm; a = 3,4 cm; β = 53°; γ = 83° (d||b).**

2 **Konstruiere ein Parallelogramm mit a = 3 cm; d = 4 cm; α = 70°.**

3 **Konstruiere die folgenden Dreiecke.**

a) c = 8,2 cm; a = 5,8 cm; γ = 84°

b) a = 7,4 cm; γ = 40°; β = 83°

4 **Zeichne zum vorgegebenen Dreieck ...**

a) den Umkreis.

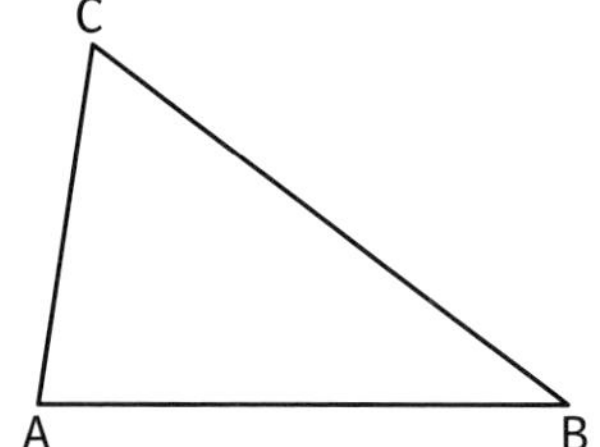

b) den Inkreis.

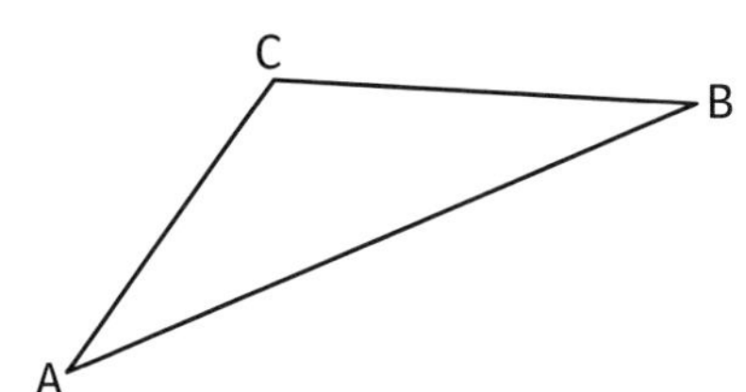

5 **Zeichne ein Koordinatensystem. Trage die Punkte A (1|1), B (6|1) und C (6|5) in das Koordinatensystem ein. Verbinde die Punkte zu einem Dreieck und konstruiere den Umkreis.**

6 **Zeichne ein Koordinatensystem. Trage die Punkte D (6|1), E (6|5) und F (1|5) in das Koordinatensystem ein. Verbinde die Punkte zu einem Dreieck und konstruiere den Inkreis.**

Viel Erfolg!

Aufgabe	1	2	3	4	5	6	∅
mögliche Punkte							
erreichte Punkte							

Lernzielkontrolle (A)	**Datum:** ______________
Thema: Umfang und Flächeninhalt I	**Name:** ______________

1 **Welches der abgebildeten Vierecke ist ein Trapez (T), welches ein Parallelogramm (P)? Schreibe in die Kästchen.**
Achtung: Bei manchen Vierecken trifft auch beides zu.

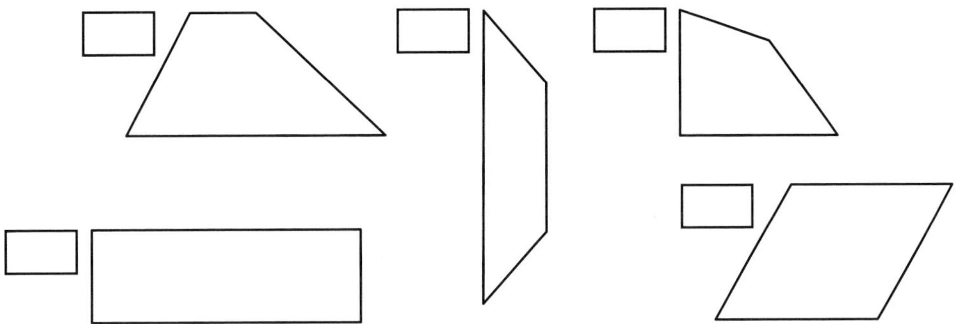

2 **Betrachte das Rechteck.**

a) Miss die Strecken und schreibe in die Kästchen.

b) Bestimme den Umfang (U).

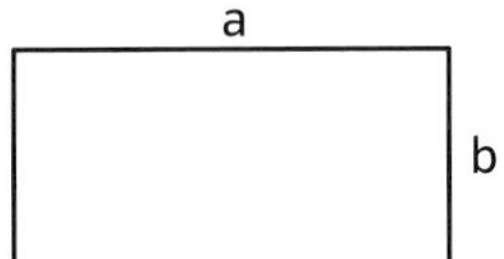

a = ☐ cm

b = ☐ cm

U = ☐ cm

3 **Berechne Flächeninhalt und Umfang der Figuren.**

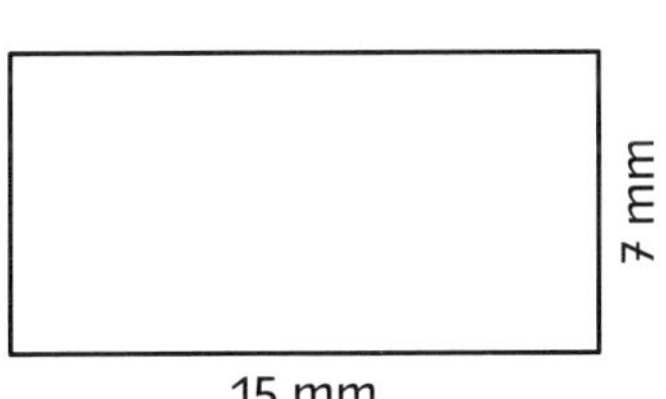

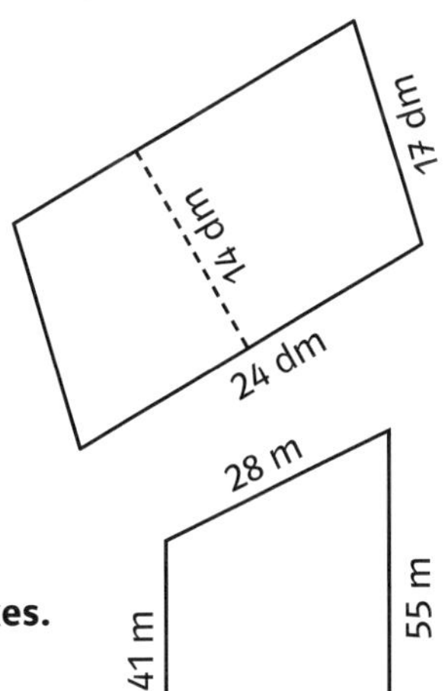

4 **Berechne den Umfang des Grundstückes.**

28 m

41 m

55 m

24 m

Viel Erfolg!

Aufgabe	1	2	3	4	Ø
mögliche Punkte					
erreichte Punkte					

Lernzielkontrolle (B)	**Datum**: ____________
Thema: Umfang und Flächeninhalt I	**Name**: ____________

1 Kreuze die richtigen Aussagen an.

- ☐ Jedes Rechteck ist auch ein Parallelogramm.
- ☐ Jedes Trapez ist auch ein Quadrat.
- ☐ Jedes Parallelogramm ist auch ein Trapez.
- ☐ Jedes Quadrat ist auch ein Rechteck.

2 Miss die Strecken und bestimme den Umfang (U) sowie den Flächeninhalt (A).

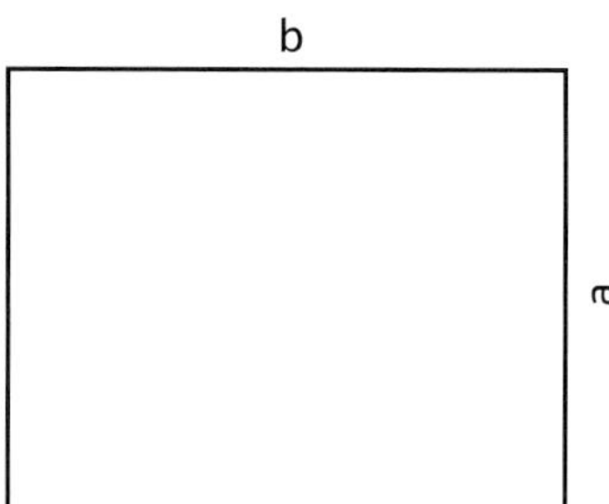

a = ☐ cm U = ☐ cm

b = ☐ cm A = ☐ cm²

3 Berechne Flächeninhalt und Umfang der Figuren.

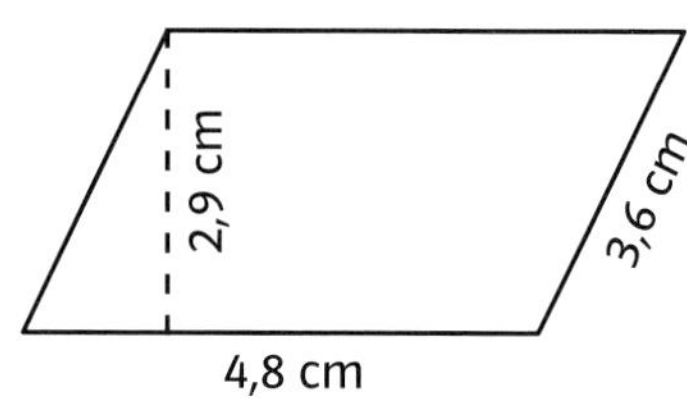

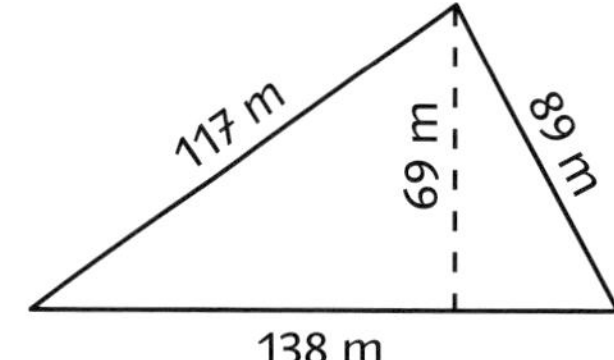

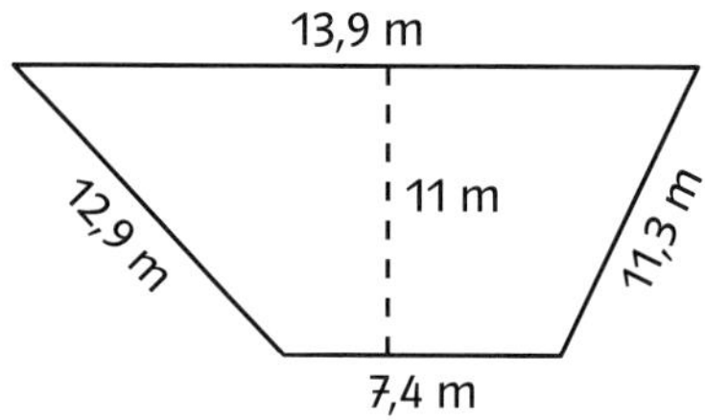

4 Berechne.

a) Wie viel kostet das gesamte Grundstück, wenn 1 m² 175 € kostet?
Tipp: Teile in bekannte Figuren auf.

b) Wie viel Euro kostet der Zaun, wenn 1 m 34,50 € kostet?

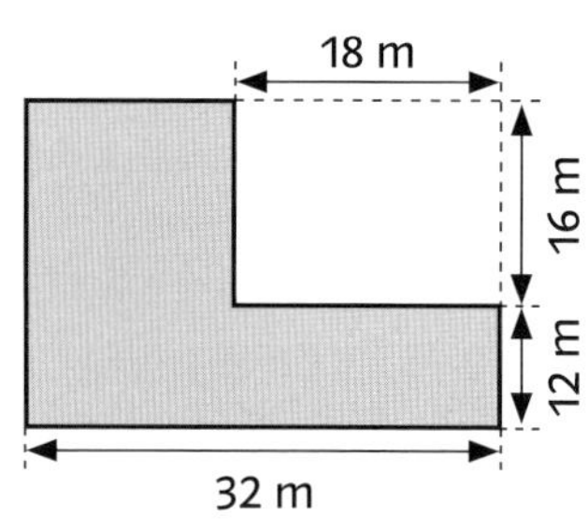

Viel Erfolg!

Aufgabe	1	2	3	4	∅
mögliche Punkte					
erreichte Punkte					

Lernzielkontrolle (A)	**Datum:** ______________
Thema: Umfang und Flächeninhalt II	**Name:** ______________

1 **Berechne Umfang und Flächeninhalt der Figuren.**

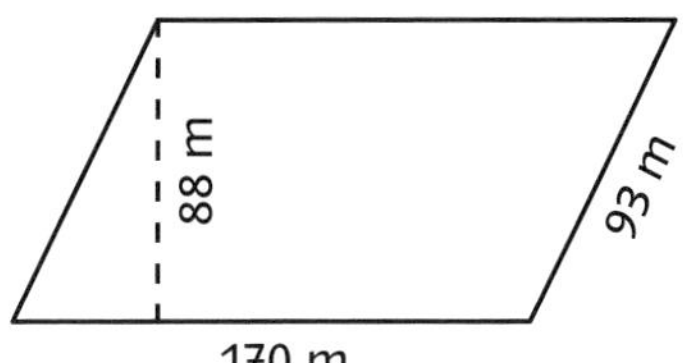

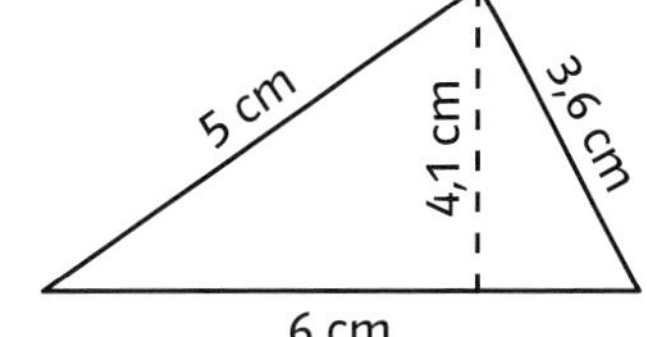

2 **Berechne ...**

a) den Flächeninhalt und Umfang eines Rechtecks mit a = 4,6 cm; b = 3,5 cm.

b) den Flächeninhalt eines Trapezes mit a = 110 cm; c = 126 cm; h = 98 cm (a||c).

3 **Berechne die Größe der drei Zimmer (Wohnzimmer, Küche, Bad).**

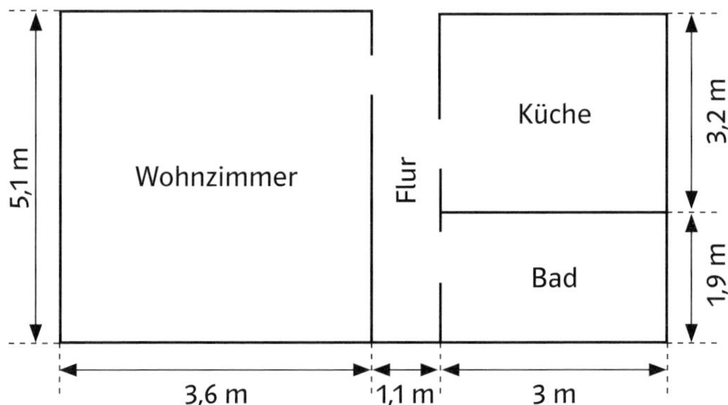

4 **Im Training laufen die Spieler an den Außenlinien um das Fußballfeld herum. Wie viele Meter sind sie nach 7 Runden gelaufen?**

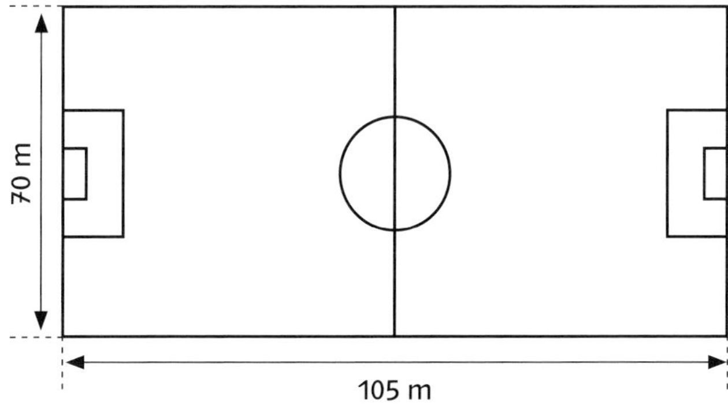

Viel Erfolg!

Aufgabe	1	2	3	4	∅
mögliche Punkte					
erreichte Punkte					

Lernzielkontrolle (B)	**Datum:** ______________
Thema: Umfang und Flächeninhalt II	**Name:** ______________

1 **Berechne jeweils Flächeninhalt und Umfang.**

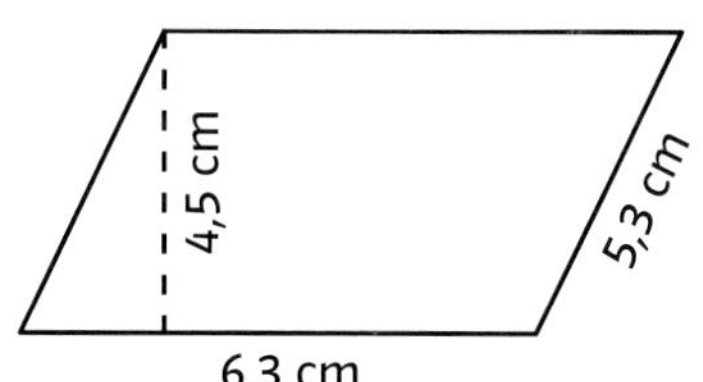

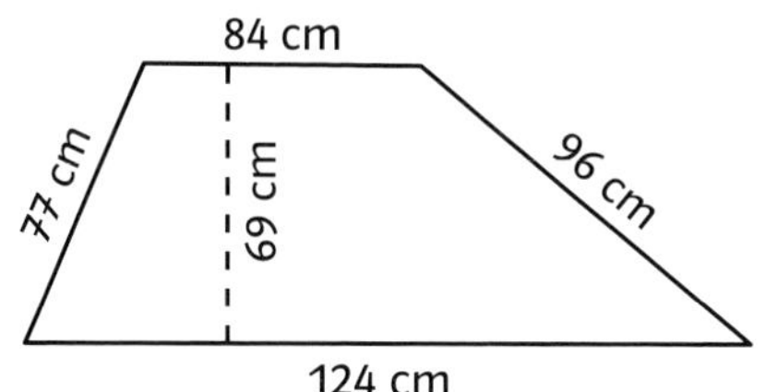

2 **Die Giebelwand des Hauses soll neu gestrichen werden.**
1 m² Farbe kostet 7,50 €.
Wie viel Euro muss der Hausbesitzer bezahlen?
(Alle 3 Fenster sind gleich groß.)

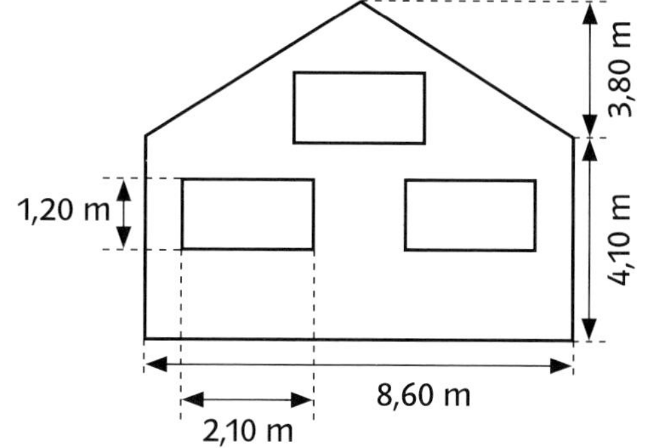

3 **Ein Trapez (a||c) hat folgende Maße: a = 4 cm; c = 6 cm; A = 17,25 cm².**
Wie lang ist die Höhe h?

4 **Berechne die Fläche des dargestellten Grundstücks.**
Tipp: Zerlege es in bekannte Teilstücke.

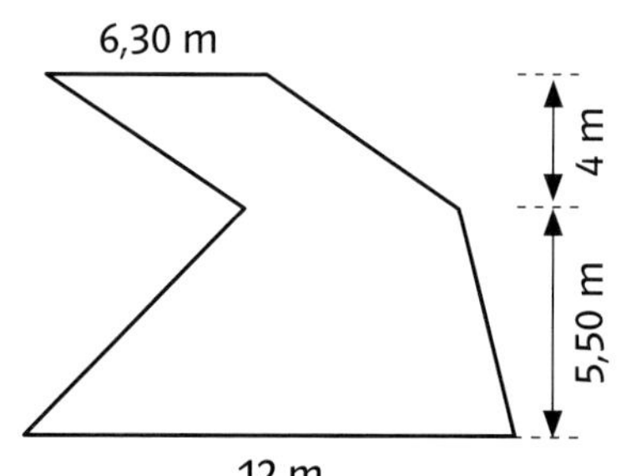

5 **Die Skizze stellt den Grundriss eines Gartens dar.**

a) Berechne die Größe des Gartens.

b) Es soll Rollrasen verlegt werden. 1 m² kostet 7 €.
Wie viel Euro muss der Besitzer bezahlen?

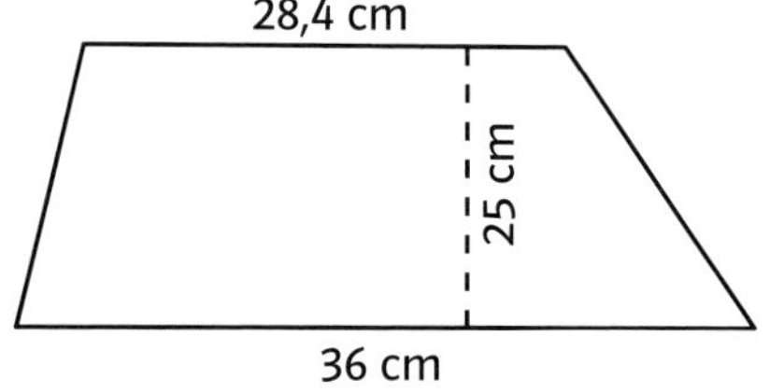

Viel Erfolg!

Aufgabe	1	2	3	4	5	Ø
mögliche Punkte						
erreichte Punkte						

Lernzielkontrolle (A) | **Datum:** ____________

Thema: Aufstellen und Berechnen von Termen I | **Name:** ____________

1 **Verbinde die richtigen Felder.**

✸ + ✸ + ✸	6 + 2 • ✸
6 • ✸ + 1 + 2	3 + 6 • ✸
3 + ✸ + 3 + ✸	3 • ✸

2 **Fasse zusammen.**

a) $x + 4 \cdot x$ = ____________

b) $4 + 2 + 2 \cdot y + 1 \cdot y$ = ____________

c) $3 + 7 \cdot a + 4 + 3 \cdot a$ = ____________

3 **Setze die Zahlen für die Variablen ein und berechne den Termwert.**

a) $x = 4$
$5 \cdot x + 7$

b) $y = 9$
$6 \cdot y - 5$

4 **Löse die Gleichung.**

a) $14 + x = 32$

b) $3 \cdot y = 72$

c) $4 \cdot d + 1 = 9$

5 **Stelle einen Term zur Berechnung des Umfangs U auf.**
Setze dann x = 7 cm ein und berechne den Termwert.

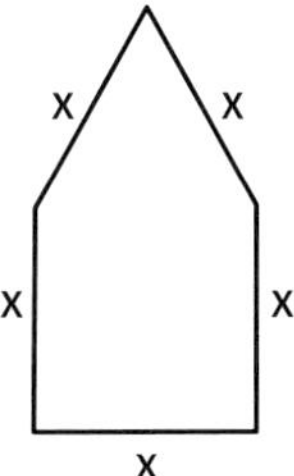

Viel Erfolg!

Aufgabe	1	2	3	4	5	∅
mögliche Punkte						
erreichte Punkte						

Lernzielkontrolle (B)	**Datum:** ____________
Thema: Aufstellen und Berechnen von Termen I	**Name:** ____________

1 Fasse zusammen.

a) $2 \cdot x + 3 \cdot x + 6 + 3$ **b)** $y + 5 + 4 \cdot y + 9$ **c)** $3 \cdot a + 2 \cdot a + 8 - 6$

d) $2 \cdot w + 8 - w - 5$ **e)** $3 \cdot x \cdot 2$ **f)** $2 \cdot x \cdot 4 + 3 \cdot x \cdot 5$

2 Löse die Gleichungen.

a) $45 = 2 \cdot x + 7$ **b)** $26 = \frac{c}{2} + 20$ **c)** $5 \cdot x + 3 \cdot x + 2 = 18$

3 Betrachte das Rechteck.

a) Stelle eine Gleichung zur Berechnung des Umfangs U auf.

b) Wie lang ist die Seite b, wenn a = 5 cm und U = 32,5 cm lang sind.

a

b b

a

4 Fülle die Tabellen aus.

a)

x	y	(x + 4) + y	=
1	2	(1 + 4) + 2	7
5	1		
15,5	3,5		

b)

a	b	3 • a + 7 • b =	2,5 • a – b • 0,75 =	(a • b) + a =	2,5 • b – a =
3	2				

Viel Erfolg!

Aufgabe	1	2	3	4	∅
mögliche Punkte					
erreichte Punkte					

Lernzielkontrolle (A)	**Datum:** ________________
Thema: Aufstellen und Berechnen von Termen II	**Name:** ________________

1 Vereinfache.

a) $12a + 116 + 6a$ **b)** $4r + 2r + 4 - 3r$ **c)** $9x + 12y - 7x + 4y - 8y + 3x$

d) $0{,}2e + 1{,}4f - 0{,}1e - 0{,}9f + 0{,}3e$ **e)** $112z + 109y + 216y - 304y - 45z$

2 Berechne.

a) $13 \cdot 2x$ **b)** $5x \cdot 2z$ **c)** $0{,}5 \cdot 3x \cdot 2y$ **d)** $10 \cdot 2a \cdot 2b$

3 Vereinfache.

a) $36x : 6$ **b)** $111y : 3$ **c)** $-99a : 3$ **d)** $-2x : (0{,}5)$

4 Löse die Gleichungen.

a) $7a + 14 = 4a + 26$ **b)** $18 + x = 9x - 14$ **c)** $15n - 15 = -5n + 5$

5 Die Summe aller Kanten eines Würfels beträgt 60 cm. Wie lang ist k?
Tipp: Stelle einen Term für die Berechnung auf.

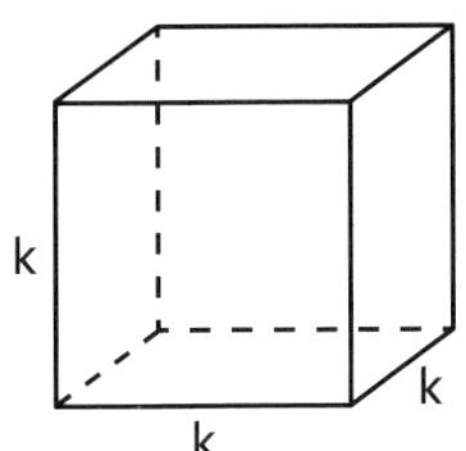

Viel Erfolg!

Aufgabe	1	2	3	4	5	∅
mögliche Punkte						
erreichte Punkte						

Lernzielkontrolle (B)	**Datum:** ______________
Thema: Aufstellen und Berechnen von Termen II	**Name:** ______________

1 **Löse folgende Gleichungen.**

a) $x - 4 = 12$
b) $34 = z - 85$
c) $x + 2 = 7$
d) $8y = 96$
e) $-3x = 90$
f) $\frac{x}{4} = 10$
g) $3 \cdot (a + 4) = 18$
h) $2 \cdot (x - 4) = 26$
i) $6m - 12 = 8 + 5m$
j) $3{,}5y - 2{,}4 = 2{,}5y + 6{,}4$

2 **Löse folgende Gleichungen.**

a) $6x + 4 - 2x = x + 7$
b) $3a + 4a + 6 - 2 = 2a + 12 - 2 + 2a$
c) $4m + 2 - 6m : 3 = 7 + 3$
d) $5 \cdot (x + 3) = 18 + 32$
e) $2 \cdot (3y + 4) = 3 \cdot (y + 5)$
f) $6 \cdot (6 + a) + 3a = 2a + 5 \cdot (a + 4)$

3 **Schreibe die richtigen Zahlen in die Lücken.**

a) $2 \cdot x +$ __________ $- y +$ __________ $= 7 \cdot x + 3y$
b) __________ $+ 4 \cdot b - a - 12 \cdot b +$ __________ $= -3 \cdot a + 9 \cdot b$
c) $32 \cdot x \cdot y :$ __________ $= -4 \cdot x \cdot y$
d) $-121 \cdot r \cdot s :$ __________ $= 11 \cdot r \cdot s$
e) __________ $\cdot 2 \cdot a \cdot b = a^2 \cdot b$

4 **Ein Kleinbus kostet pro Tag 65 € Miete. Für jeden gefahrenen Kilometer werden zusätzlich 0,75 € berechnet. Stelle einen passenden Term zur Berechnung des Preises für fünf Tage auf, an denen insgesamt 120 km gefahren wurden. Benutze für die Tage die Variable x und für die Kilometer y.**

5 **Löse das Zahlenrätsel.**

a) Wenn ich das 4-fache meiner Zahl um 12 vergrößere, dann erhalte ich 72.
b) Verringere ich das 6-fache meiner Zahl um 19, so erhalte ich dasselbe, wie wenn ich das Doppelte meiner Zahl um 21 vergrößere.

Viel Erfolg!

Aufgabe	1	2	3	4	5	∅
mögliche Punkte						
erreichte Punkte						

Lernzielkontrolle (A)	**Datum:** ______________
Thema: Terme und Gleichungen mit Klammern I	**Name:** ______________

1 Vereinfache.

a) $28 : 4 =$ ________ b) $2a - 5 - 3a =$ ________

c) $(-2) \cdot (-4a) =$ ________ d) $(-9b) : 3 =$ ________

e) $(12e : 3) - 4e =$ ________ f) $2 \cdot 5x + 3 \cdot 3x =$ ________

2 Berechne x.

a) $3x - 18 = 18$ b) $2x + 5 = 3x - 1$ c) $5x - 3 + x = 14 + 4x$

3 Setze die Zahlen 2, −3 und $\frac{1}{3}$ für x ein und berechne die Werte der Terme.

a) $4\,(x - 3) + 6$ b) $3x + 4x$

4 Stelle einen Term auf und bestimme die gesuchte Zahl:
Wenn man eine erdachte Zahl mit 127 multipliziert, erhält man 14 097.

5 Berechne den Umfang. Setze für x = 5 cm ein.

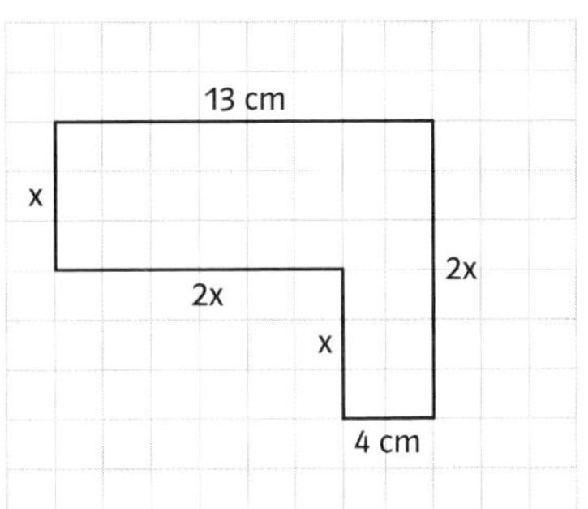

6 Schreibe in die Kästchen.

a) $x - 2 > 3$ | ☐

$x >$ ☐

b) $3x + 5{,}5 < x - 4{,}5$ | ☐

$3x < x$ ☐ | ☐

☐ $x <$ ☐ | ☐

$x <$ ☐

Viel Erfolg!

Aufgabe	1	2	3	4	5	6	∅
mögliche Punkte							
erreichte Punkte							

Lernzielkontrolle (B)	**Datum:** ______________
Thema: Terme und Gleichungen mit Klammern I	**Name:** ______________

1 Vereinfache.

a) $15x - 3y - 21{,}5x + 4{,}5y$ **b)** $4a^2 \cdot 12a$ **c)** $(56n : 8) - (3 \cdot 2{,}5n)$

d) $(-126j) : 9 + 4j$ **e)** $0{,}5x \cdot 3xy + 2y \cdot 0{,}75x^2$ **f)** $3 + (-11w \cdot 0{,}5) - 0{,}5w$

2 Bestimme die Lösungsmenge.

a) $12x - 5 + 0{,}5 \cdot (-4x) + 12 = (-81x : 9) - 3 \cdot 4$ **b)** $-31 - 1{,}3x + 16 = 1{,}9x - 4 + 0{,}8x$

3 Setze die Zahlen 2, −3 und $\frac{1}{3}$ für x ein und berechne die Werte der Terme.

a) $(x - 2)(x + 3)$ **b)** $16 - [4(x + 6)]x^2$

4 Sind die beiden Terme der Gleichung äquivalent? Begründe rechnerisch.

$(x + 2)(x - 3) = x^2 - x - 6$

5 Stelle einen Term auf und bestimme die gesuchte Zahl.

a) Wenn man vom Doppelten einer Zahl 14 subtrahiert, erhält man 11.

b) Wenn man eine gesuchte Zahl um 3 vermehrt und das Ergebnis mit 5 multipliziert, erhält man 102.

6 In einem gleichschenkligen Dreieck ist die Basis a halb so lang wie die beiden Schenkel. Wie groß ist die Basis, wenn der Umfang des Dreiecks 105,5 cm beträgt?

7 Bestimme die Lösungsmenge der Ungleichungen.

a) $2x - 3 > 7$ **b)** $-4 + x < -3x + 9 + 5x$

Viel Erfolg!

Aufgabe	1	2	3	4	5	6	7	∅
mögliche Punkte								
erreichte Punkte								

Lernzielkontrolle (A)	**Datum:** ____________
Thema: Terme und Gleichungen mit Klammern II	**Name:** ____________

1 Berechne.

a) $3 + (x - 2)$ **b)** $5 + (0{,}5 - u)$ **c)** $a - (3 + 2b)$ **d)** $2x - (8 - 3x + y)$

2 Löse die folgenden Gleichungen.

a) $5\,(x - 3) + 50 = -(2x - 70)$ **b)** $2x - 3\,(4 + 5x) = 10x - 11\,(2x + 1)$

3 Berechne.

a) $(x + 3) \cdot (y + 2)$ **b)** $(x + 2) \cdot (y - 3)$ **c)** $(2a + b) \cdot (3 - 1)$

4 Löse das Zahlenrätsel.
Schreibe in die Lücken und berechne dann x.

(________ + ________) • ________ = ________

Ich denke mir eine Zahl, addiere 2 und multipliziere das Ergebnis mit 5. Ich erhalte 25.

5 Schaue dir das Viereck an.
Kreuze die richtige Formel zur Berechnung für den Flächeninhalt A dieses Vierecks an.

☐ $A = (x + 6) \cdot 2$ ☐ $A = 2$ ☐ $(x - 2)$ ☐ $A = (x + 6) \cdot (x - 2)$ ☐ $A = (x + 6) + (x - 2)$

Viel Erfolg!

Aufgabe	1	2	3	4	5	⌀
mögliche Punkte						
erreichte Punkte						

Lernzielkontrolle (B)	**Datum:** ______________
Thema: Terme und Gleichungen mit Klammern II	**Name:** ______________

1 Löse die Klammern auf und fasse dann zusammen.

a) $3y + 5\,(1{,}5y + 3)$

b) $4a - 0{,}5\,(10a - 12 + 3b)$

c) $9x - 7xy + 3x\,(-3y + 2)$

d) $-12\,(0{,}5a + 3b) + 2a\,(-2 + 3b)$

2 Bestimme die Lösungsmenge.

a) $3\,(6x - 5) - (7x - 2) = 10\,(x + 8) + 7$

b) $12a - 0{,}5\,(20a + 8) = (1{,}5a - 2) - 3{,}5$

3 Löse die Klammern auf.

a) $5\,(3x - 2) \cdot (2x + 1)$

b) $-(11a - b) \cdot (2a + 3)$

c) $-\frac{1}{2}\,(10u - 7v) \cdot (2u - 4v)$

4 Löse das Zahlenrätsel.

a) Zum Doppelten einer Zahl addiere ich 3 und multipliziere das Ergebnis mit $\frac{1}{2}$. Ich erhalte 3.

b) Multipliziere ich die um 4 erniedrigte Zahl mit der um 7 erhöhten Zahl, dann erhalte ich das Quadrat der Zahl um 2 erhöht.

5 Betrachte das Dreieck.

a) Stelle die Formel zur Bestimmung des Umfangs U auf und fasse zusammen.

U = ____________ + ____________ + ____________   U = ____________

b) Stelle die Formel zur Berechnung des Flächeninhalts A auf.

A = ____________

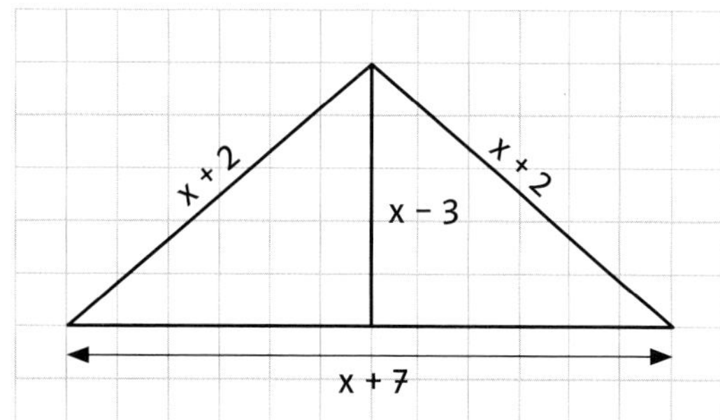

Viel Erfolg!

Aufgabe	1	2	3	4	5	Ø
mögliche Punkte						
erreichte Punkte						

Lernzielkontrolle (A) **Datum:** ____________________

Thema: Binomische Formeln I **Name:** ____________________

❶ Ordne die binomischen Formeln zu. Verbinde die richtigen Kästchen.

1. binomische Formel	$(a + b) \cdot (a - b)$	$a^2 - 2ab + b^2$
2. binomische Formel	$(a - b)^2$	$a^2 + 2ab + b^2$
3. binomische Formel	$(a + b)^2$	$a^2 - b^2$

❷ Wende die binomischen Formeln an.

a) $(r - s)^2$ **b)** $(u + v)^2$ **c)** $(m + b) \cdot (m - b)$

❸ Berechne mit der 1. binomischen Formel.

a) $(a + 6)^2$ **b)** $(3 + p)^2$ **c)** $(2x + 4)^2$

❹ Wende die 2. binomische Formel an.

a) $(y - 5)^2$ **b)** $(7 - j)^2$ **c)** $(4x - 2)^2$

❺ Löse mithilfe der 3. binomischen Formel.

a) $(1 + b) \cdot (1 - b)$ **b)** $(4u + 11) \cdot (4u - 11)$ **c)** $(9x + y) \cdot (9x - y)$

Viel Erfolg!

Aufgabe	1	2	3	4	5	∅
mögliche Punkte						
erreichte Punkte						

Lernzielkontrolle (B)	**Datum:** ______________
Thema: Binomische Formeln I	**Name:** ______________

1 **Fülle aus.**

1\. binomische Formel → $(a + b)^2$ ______________ → ______________

2\. binomische Formel → ______________ → ______________

3\. binomische Formel → ______________ → ______________

2 **Wende die 1. binomische Formel an.**

a) $(3x + 2)^2$ **b)** $(4a + 11)^2$ **c)** $\left(9 + \frac{1}{2}y\right)^2$ **d)** $\left(\frac{3}{5}x + y\right)^2$

3 **Berechne mithilfe der 2. binomischen Formel.**

a) $(7u - 3)^2$ **b)** $(8x - 2y)^2$ **c)** $\left(12 - \frac{1}{4}a\right)^2$ **d)** $\left(\frac{1}{3}x - y\right)^2$

4 **Löse in dem du die 3. binomische Formel anwendest.**

a) $(3p + 8) \cdot (3p - 8)$ **b)** $(13u + v) \cdot (13u - v)$

c) $\left(\frac{1}{2}a + \frac{1}{2}b\right) \cdot \left(\frac{1}{2}a - \frac{1}{2}b\right)$ **d)** $\left(\frac{1}{4}x + y\right) \cdot \left(\frac{1}{4}x - y\right)^2$

5 **Bestimme die Lösung.**

a) $(x + 3)^2 = x^2 + 21$ **b)** $\left(x - \frac{1}{2}\right)^2 + 24\frac{3}{4} = (4 + x)^2$

Viel Erfolg!

Aufgabe	1	2	3	4	5	∅
mögliche Punkte						
erreichte Punkte						

Lernzielkontrolle (A)	**Datum:** ______________________
Thema: Binomische Formeln II	**Name:** ______________________

1 **Löse mithilfe der binomischen Formeln.**

a) $(y + 3)^2$ **b)** $(y - 4)^2$ **c)** $(y - 8)(y + 8)$

2 **Beweise die drei binomischen Formeln durch ausmultiplizieren.**

a) $(x - y)^2$ **b)** $(x + y)^2$ **c)** $(x + y)(x - y)$

3 **Wende die binomischen Formeln an. Schreibe die fehlenden Angaben in die Lücken.**

a) $x^2 + 6x + 9 = (x \; \square)^2$

b) $x^2 - 16x + 64 = (x \; \square)^2$

c) $x^2 + 10x + 25 = (x \; \square)^2$

d) $x^2 - x + 0{,}25 = (x \; \square)^2$

4 **Fülle die Lücken aus.**

$g^2 - \square + 9 = (g \; \square \; 3)^2$

5 **Überprüfe und kreuze die richtige Antwort an.**

$(x - y)^2 = x^2 - y^2$	☐ richtig	☐ falsch
$(r + s) \bullet (r - s) = s^2 - r^2$	☐ richtig	☐ falsch
$(a + b)^2 = 2a^2 + 2ab + 2b^2$	☐ richtig	☐ falsch

Viel Erfolg!

Aufgabe	1	2	3	4	5	∅
mögliche Punkte						
erreichte Punkte						

Lernzielkontrolle (B) | **Datum:** ______________

Thema: Binomische Formeln II (1) | **Name:** ______________

1 **Löse mithilfe der binomischen Formeln.**

a) $(x + 1)^2$ **b)** $(y - 0{,}5)^2$ **c)** $(3s + 4) \cdot (3s - 4)$

2 **Beweise die erste binomische Formel anhand dieser Zeichnung. Tipp: Flächeninhalt!**

3 **Beweise die zweite binomische Formel mithilfe der Zeichnung. Tipp: Flächeninhalt!**

Lernzielkontrolle (B)	**Datum:** ____________________
Thema: Binomische Formeln II (2)	**Name:** ____________________

4 **Löse folgende Gleichungen.**

a) $(x + 1)(x - 2) = (x + 3)(x - 1)$

b) $7(3x + 1) = 3x + 124 + 5x$

c) $(x + 4)^2 - (x + 5)^2 = 4(x + 3) - 51$

d) $4(x - 2)^2 + 5 = (7 - 2x)^2 + 116$

5 **Fülle die Lücken aus.**

a) $36u^2 - \square + q^2 = (\square - q)^2$

b) $e^2 + \square + 81v^2 = (\square + \square)^2$

Viel Erfolg!

Aufgabe	1	2	3	4	5	∅
mögliche Punkte						
erreichte Punkte						

Lernzielkontrolle (A)	**Datum:** ____________
Thema: Funktionen als eindeutige Zuordnungen (1)	**Name:** ____________

1 **Welche der Zuordnungen sind Funktionen? Begründe.**

Gewicht → Person

Person → Gewicht

2 **Welche Wertetabelle gehört zu welchem Graph? Verbinde.**

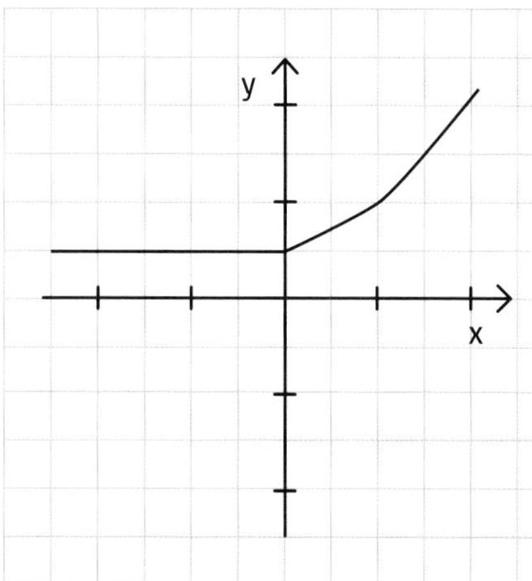

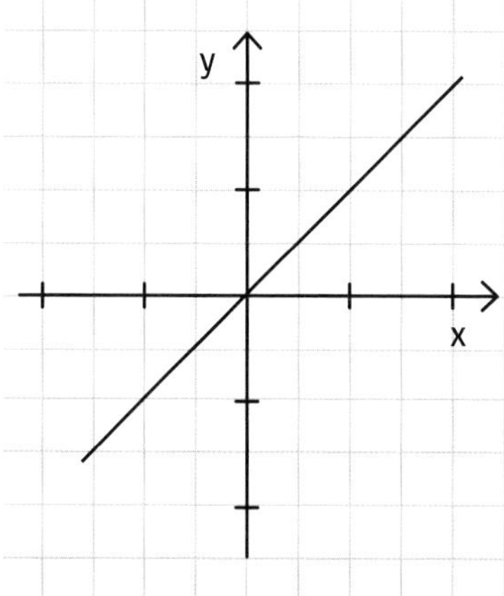

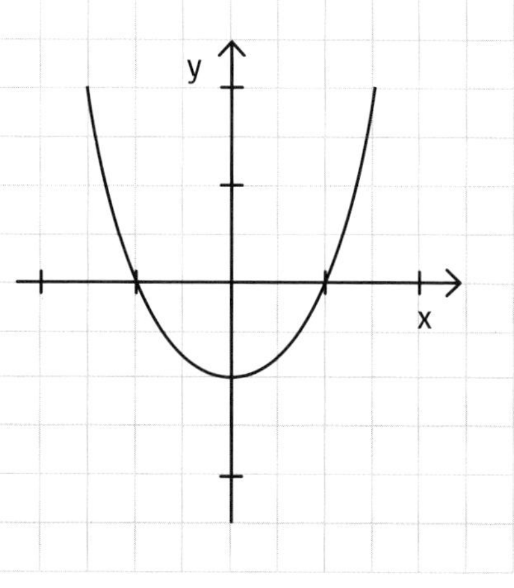

x	−1	0	1
y	0	−1	0

x	−1	0	1
y	0,5	0,5	1

x	−1	0	1
y	−1	0	1

Lernzielkontrolle (A)	**Datum:** ____________
Thema: Funktionen als eindeutige Zuordnungen (2)	**Name:** ____________

3 **Überprüfe rechnerisch, ob folgende Punkte auf der Geraden mit der Gleichung y = 2x + 1 liegen.**

$P_1\,(2|5)$ $\qquad$ $P_2\,(0|2)$ $\qquad$ $P_3\left(\frac{1}{2}\middle|2\right)$

4 **Bestimme die fehlenden Koordinaten. Schreibe in die Kästchen.**

y = 3x − 2

a) $P_1\left(\square\,\middle|\,-2\right)$ $\qquad$ **b)** $P_2\left(-2\,\middle|\,\square\right)$ $\qquad$ **c)** $P_3\left(\frac{1}{2}\,\middle|\,\square\right)$

5 **Marco sieht im Supermarkt eine Zuordnungsvorschrift für Gewicht (in Gramm) → Preis (in Euro). Überprüfe und kreuze an, ob die Preise für den Käse stimmen.**

50 g 1,70 €	250 g 7,50 €	1000 g 27 €	75 g 2,25 €	350 g 10 €
☐ richtig ☐ falsch	☐ richtig ☐ falsch	☐ richtig ☐ falsch	☐ richtig ☐ falsch	☐ richtig ☐ falsch

Viel Erfolg!

Aufgabe	1	2	3	4	5	∅
mögliche Punkte						
erreichte Punkte						

Lernzielkontrolle (B)	**Datum:** ____________
Thema: Funktionen als eindeutige Zuordnungen (1)	**Name:** ____________

1 Vervollständige den Merksatz.

Bei einer eindeutigen Zuordnung, wird jeder Ausgangsgröße

____.

2 Welche der Zuordnungen sind eindeutige Funktionen? Kreuze an.

- ☐ Anzahl Donuts → Preis
- ☐ Körpergröße → Gewicht
- ☐ Alter eines Angestellten → Gehalt
- ☐ Alter einer Schülerin → Jahrgangsstufe

3 Überprüfe, ob jeweils der Graph einer Funktion vorliegt. Kreuze an und begründe kurz.

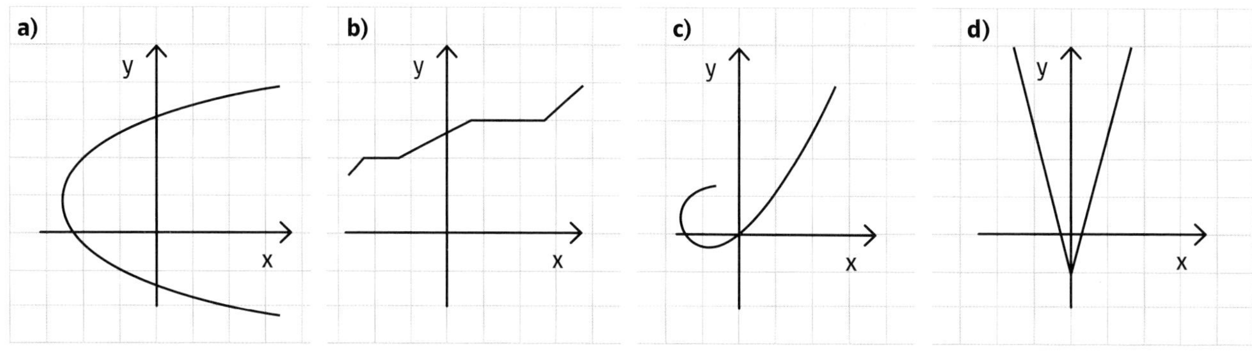

	Funktion	keine Funktion	Begründung
a)			
b)			
c)			
d)			

Lernzielkontrolle (B)	Datum: ____________
Thema: Funktionen als eindeutige Zuordnungen (2)	Name: ____________

4 **Überprüfe, ob folgende Punkte auf der Geraden mit der Gleichung $y = -5x - 2$ liegen.**

$P_1\,(2|-12)$ $P_2\,(0|-7)$ $P_3\,(4|2)$ $P_4\,(-2|-8)$ $P_5\left(\frac{1}{6}\middle|-\frac{17}{6}\right)$

5 **Berechne die fehlenden Koordinaten zur Gleichung $4y = 12x - 16$.**

a) $P_1\,(-3|\square)$ **b)** $P_2\,(2|\square)$ **c)** $P_3\,(\square|5)$ **d)** $P_4\,(\square|-2)$

6 **Für 500 g Rehbraten muss man 65 € bezahlen.**

a) Bestimme die Zuordnungsvorschrift für Gewicht in g → Preis in €.

b) Wie viel Euro muss man für 350 g, 80 g und für 9 350 g Rehbraten bezahlen?

Viel Erfolg!

Aufgabe	1	2	3	4	5	6	Ø
mögliche Punkte							
erreichte Punkte							

Lernzielkontrolle (A) **Datum:** ____________

Thema: Lineare Funktionen I (1) **Name:** ____________

1 **Lege eine Wertetabelle an und zeichne den Funktionsgraphen.**
Setze für x folgende Zahlen ein: −4, −3, $-\frac{1}{2}$, 0, 1,5, 2.

a) $y = 4x - 3$

b) $y = -\frac{2}{5}x + 3$

2 **Zeichne folgende Funktionsgraphen.**

a) $y = 2x$

b) $y = -4x$

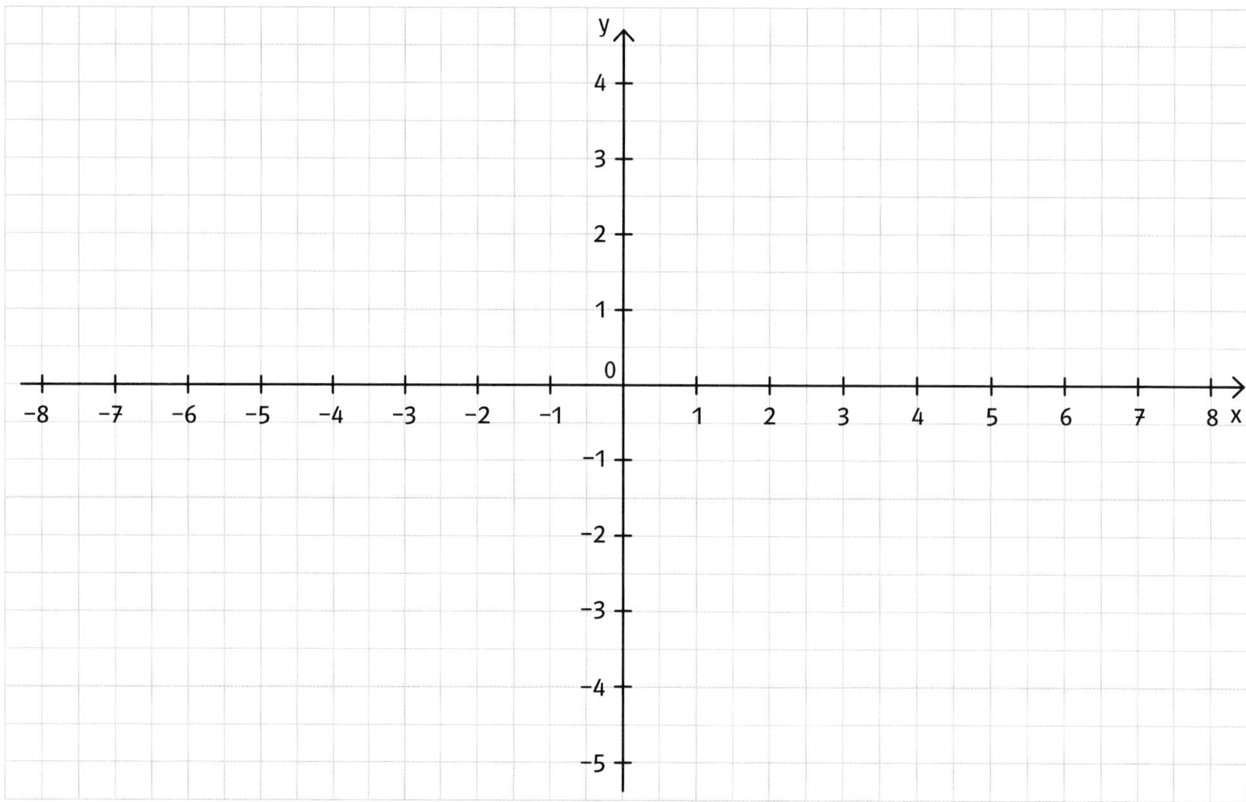

3 **Kreuze die richtigen Funktionsgleichungen an.**

a) Sarah hat ein Prepaidhandy ohne monatliche Gebühren. Wenn sie telefoniert bezahlt sie 0,20 € pro Minute.

☐ y = 1 € • x + 0,20 € ☐ y = 0,20 € • x

b) Cihan bezahlt jeden Monat 10 € Grundgebühren im Fitnessstudio. Wenn er dort einen Kurs besucht, muss er zusätzlich 1 € bezahlen.

☐ y = 1 € • x + 10 € ☐ y = 10 € • x + 1 €

Lernzielkontrolle (A)	Datum: ______________
Thema: Lineare Funktionen I (2)	Name: ______________

4 **Trage die beiden Punkte A und B in das Koordinatensystem ein.**
Verbinde dann die beiden Punkte A und B zu einer Geraden.

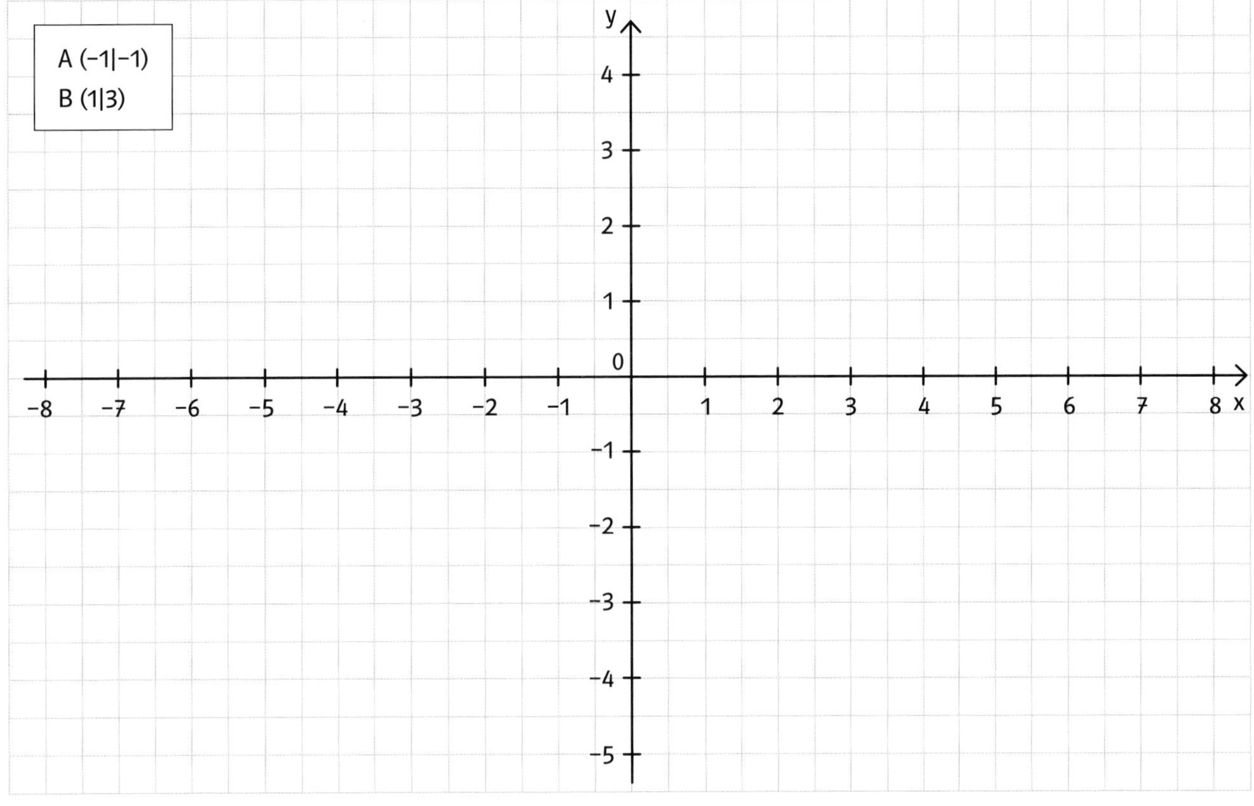

Wie lautet die dazugehörige Funktionsgleichung? Schreibe in die Lücken.

y= ____________ + ____________

Viel Erfolg!

Aufgabe	1	2	3	4	∅
mögliche Punkte					
erreichte Punkte					

Lernzielkontrolle (B)	**Datum:** ______________
Thema: Lineare Funktionen I	**Name:** ______________

1 **Lege eine Wertetabelle an und zeichne den Funktionsgraphen.**
Setze für x folgende Zahlen ein: −4, −3, −2,5, 0, $\frac{1}{2}$, 1, 2, 3, 4.

a) $y = 2x + 3$

b) $y = -\frac{1}{5}x + 2$

2 **Zeichne folgende Funktionsgraphen.**

a) $y = \frac{1}{2}x + 1$

b) $y = -0,5x + 2,5$

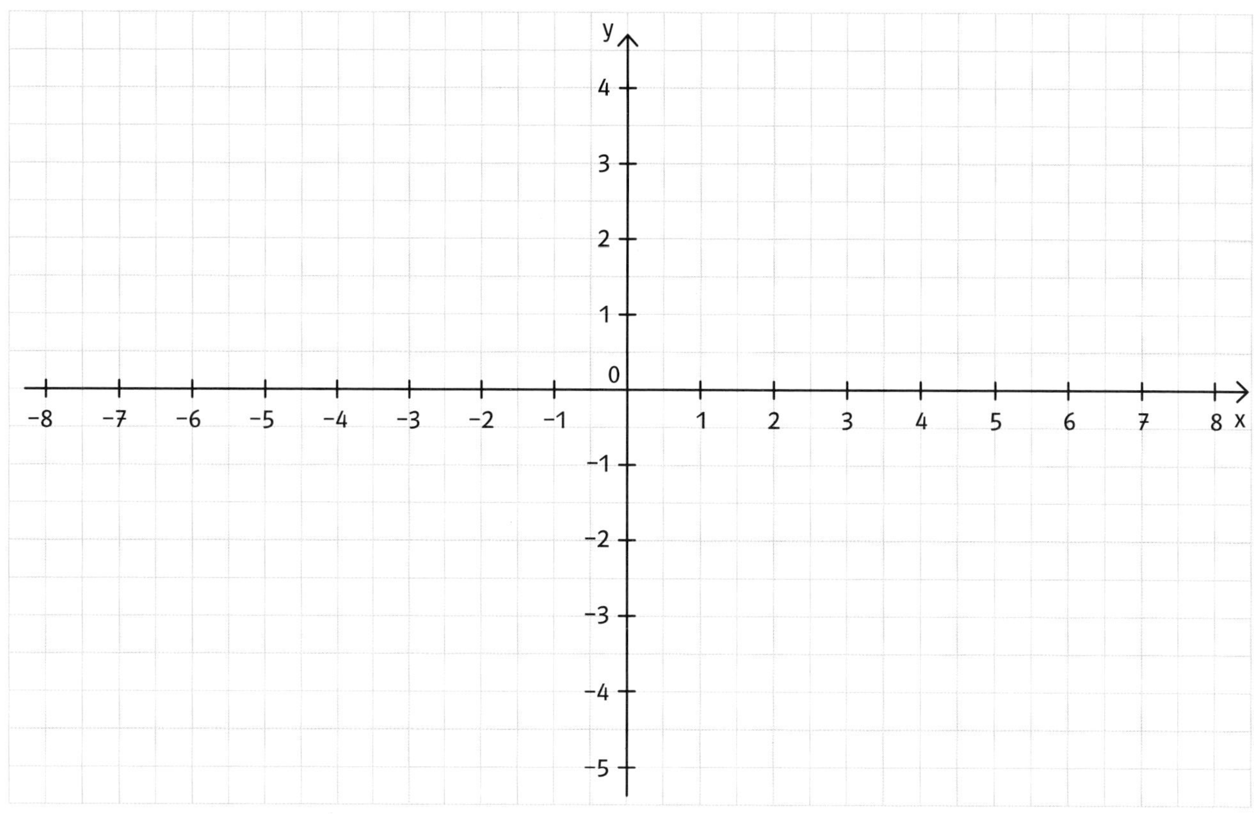

3 **Janina bezahlt für ihren Telefonanschluss eine Grundgebühr von 24,75 €.**
Für eine Sondereinheit muss sie 0,02 € bezahlen.

a) Notiere die dazugehörige Funktionsgleichung.

b) Berechne die monatlichen Gesamtkosten für 150, 240 und 400 Sondereinheiten.

4 **Bestimme die Funktionsgleichungen für die Geraden, die durch folgende Punkte verlaufen:**

a) P_1 (0|−4), P_2 (2|4)

b) P_1 (5|6), P_2 (1|2)

c) P_1 (−2|0), P_2 (4|2)

Viel Erfolg!

Aufgabe	1	2	3	4	∅
mögliche Punkte					
erreichte Punkte					

Lernzielkontrolle (A)	**Datum:** ______________
Thema: Lineare Funktionen II	**Name:** ______________

1 Ordne die Funktionsgleichung der richtigen Bezeichnung zu.

$y = m \cdot x + b$	proportionale Funktion
$y = m \cdot x$	lineare Funktion

2 Die beiden Punkte gehören jeweils zu einer linearen Funktion. Bestimme die Steigung m.

a) A (0|0)
B (2|2)

b) A (0|3)
B (1|5)

c) A (0|−2)
B (2|−6)

3 Von einer linearen Funktion ist die Steigung m und ein Punkt A bekannt. Berechne den y-Achsenabschnitt b.

a) m = 3 und A (2|3)

b) m = −2 und A (0,5|0)

4 Ordne den Graphen die passende Funktionsgleichung zu. Schreibe in die Kästchen.

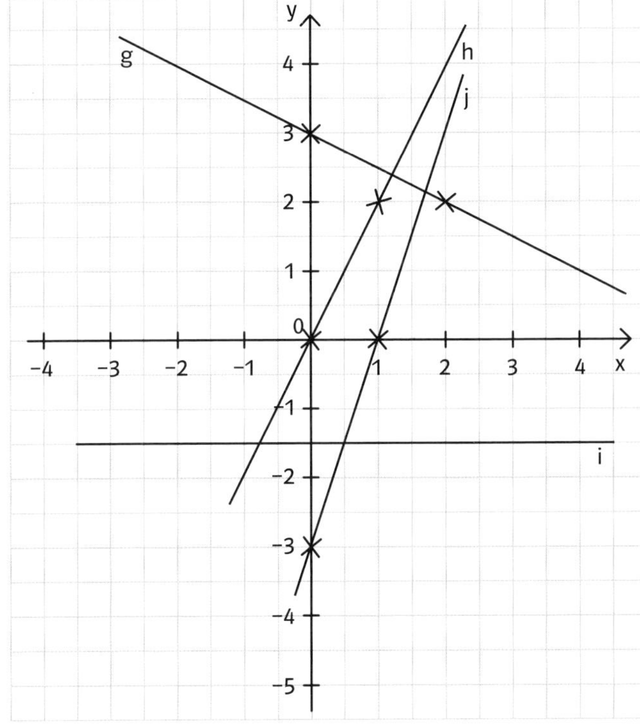

$y = -2x + 1$	☐
$y = -1{,}5$	☐
$y = 2x$	☐
$y = -\frac{1}{2}x + 3$	☐
$y = 3x - 3$	☐
$y = -3x + 1$	☐

Viel Erfolg!

Aufgabe	1	2	3	4	Ø
mögliche Punkte					
erreichte Punkte					

Lernzielkontrolle (B)	**Datum:** ____________
Thema: Lineare Funktionen II	**Name:** ____________

1 **Notiere die Formel zur Bestimmung der Steigung m aus den beiden Punkten: $P_1\ (x_1|y_1)$, $P_2\ (x_2|y_2)$.**

2 **Bestimme die Funktionsgleichung zu den Wertetabellen.**

Werte für x	Werte für y
−2	2
−1	3
0	6
1	8
2	10

Werte für x	Werte für y
−2	4
−1	2,5
0	1
1	−0,5
2	−2

3 **Bestimme die Funktionsgleichungen.**

a) $m = 3$; P (2|8) **b)** $m = -2$; P (−2|3) **c)** $m = -\frac{1}{2}$; P (1|0)

Viel Erfolg!

Aufgabe	1	2	3	∅
mögliche Punkte				
erreichte Punkte				

Lernzielkontrolle (A) **Datum:** ____________

Thema: Vierecke I (1) **Name:** ____________

1 Schau dir folgende Abbildung genau an.

a) Miss die vier Innenwinkel mit einem Geodreieck und schreibe in die Kästchen.

b) Addiere die vier Innenwinkel (α, β, γ, δ).

c) Vervollständige den Merksatz.

Winkelsummensatz für Vierecke

In einem Viereck sind die __________ Innenwinkel insgesamt __________ groß.

Es gilt also: __________ + __________ + __________ + __________ = __________

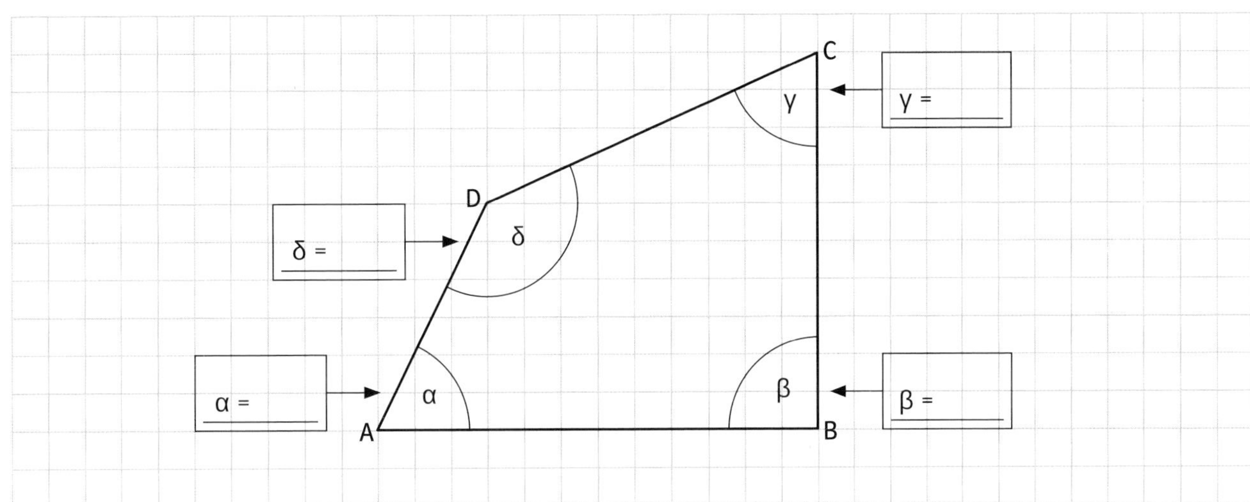

2 Von einem Viereck sind drei Innenwinkel bekannt. Berechne den vierten Innenwinkel.

a) α = 125°, β = 13°, γ = 79° **b)** β = 36°, γ = 72°, δ = 108° **c)** α = 195°, γ = 24°, δ = 49°

Lernzielkontrolle (A)	**Datum:** ______________
Thema: Vierecke I (2)	**Name:** ______________

3 Überprüfe die Aussagen und kreuze die richtige Antwort an.

a) Ein Parallelogramm ist ein Dreieck. ☐ richtig ☐ falsch

b) Ein Parallelogramm ist ein Viereck, bei dem die gegenüberliegenden Seiten parallel zueinander sind. ☐ richtig ☐ falsch

c) Bei einem Parallelogramm sind alle Innenwinkel gleich groß. ☐ richtig ☐ falsch

d) Bei einem Parallelogramm sind die gegenüberliegenden Seiten gleich lang. ☐ richtig ☐ falsch

4 Konstruiere das Parallelogramm ABCD mit a = 7 cm, b = 3 cm und β = 60°.

Viel Erfolg!

Aufgabe	1	2	3	4	∅
mögliche Punkte					
erreichte Punkte					

Lernzielkontrolle (B) **Datum:** ______________________

Thema: Vierecke I (1) **Name:** ______________________

1 Vervollständige den Merksatz.

Winkelsummensatz für Vierecke

In jedem ____________________ sind die ____

zusammen ________________ groß.

Es gilt also: ________________________________ = _____________

2 Bestimme die fehlenden Innenwinkel rechnerisch. Schreibe in die Kästchen.

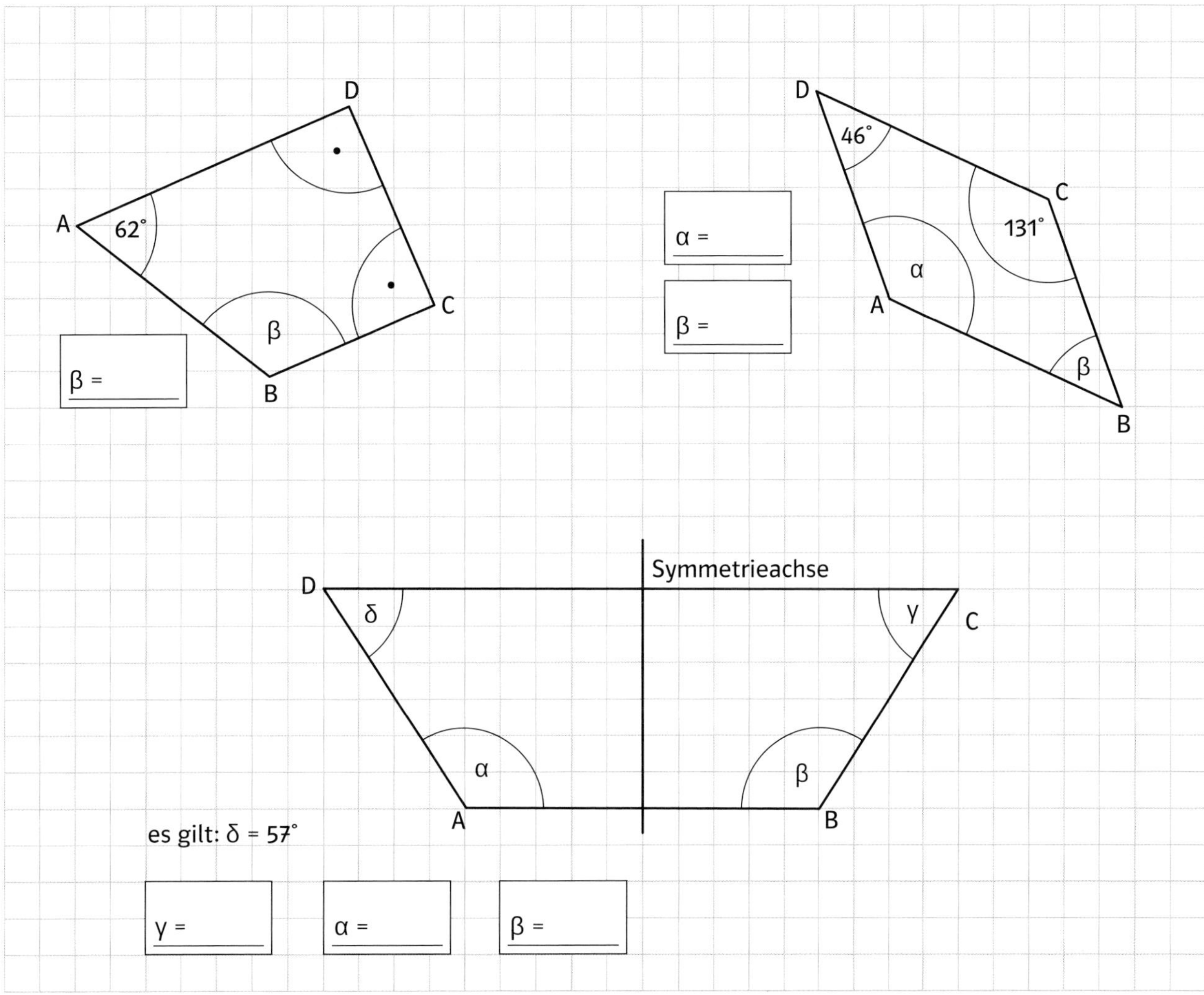

Lernzielkontrolle (B)	**Datum:** ______________
Thema: Vierecke I (2)	**Name:** ______________

3 Betrachte das Parallelogramm ABCD und schreibe in die Lücken.

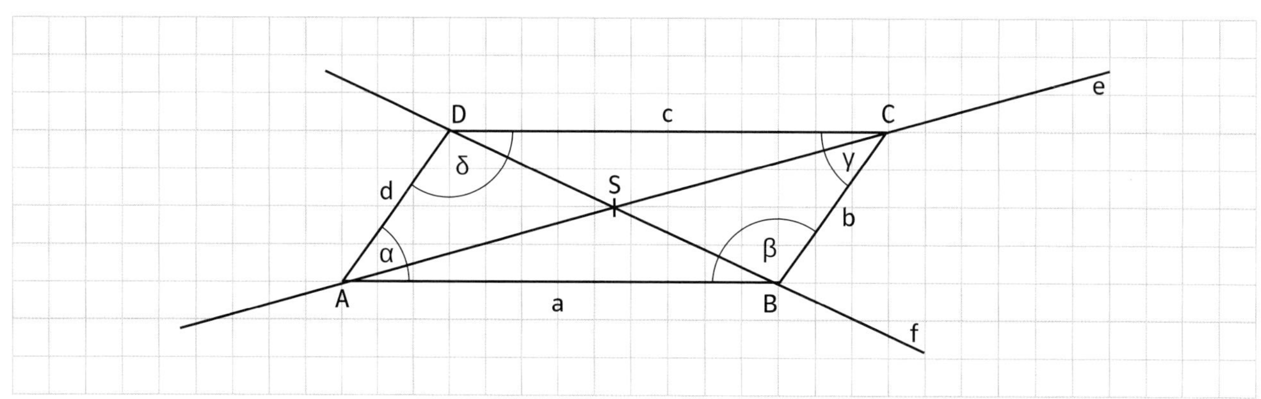

a) Die Seiten __________ und __________ bzw. __________ und __________ sind gleich lang.

b) Folgende Seiten sind parallel zueinander:

__________ II __________ und __________ II __________.

c) S ist der Schnittpunkt der beiden ____________________ e und f.

d) Gegenüberliegende Winkel sind __________ __________,

das heißt __________ = __________ und __________ = __________.

4 Konstruiere das Parallelogramm ABCD und beschreibe deine Konstruktion.

a) a = 5 cm ; b = 3,5 cm ; δ = 75°

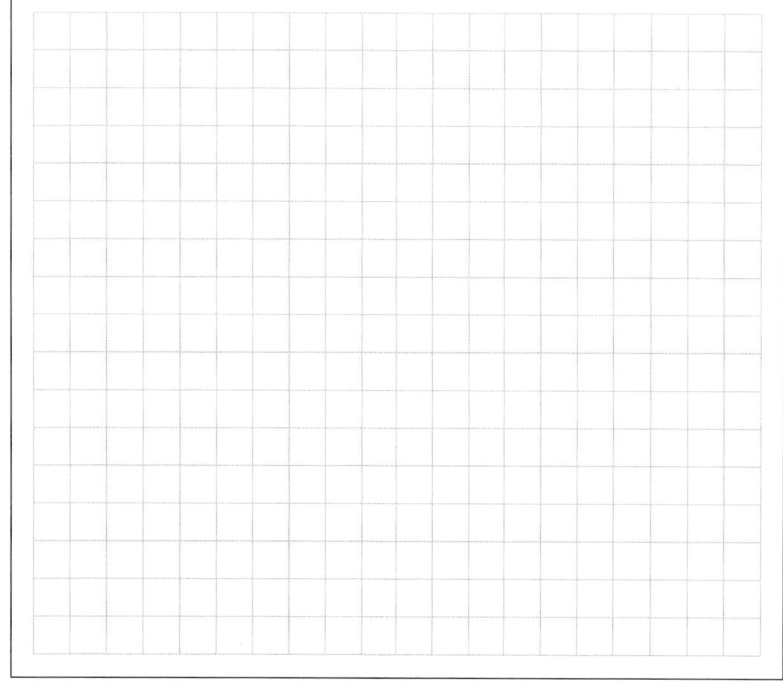

Konstruktionsbeschreibung:

Lernzielkontrolle (B)	**Datum:** ______________
Thema: Vierecke I (3)	**Name:** ______________

b) CS = 3 cm; DS = 2 cm; CSD = 45°

Konstruktionsbeschreibung:

Viel Erfolg!

Aufgabe	1	2	3	4	∅
mögliche Punkte					
erreichte Punkte					

Lernzielkontrolle (A)	**Datum:** ____________
Thema: Vierecke II	**Name:** ____________

1 **Fülle den Lückentext aus. Setze die passenden Begriffe ein.**

Seiten | Winkel | parallel | gegenüberliegenden | senkrecht | Viereck

Die Raute

- Eine Raute ist ein ____________ mit vier gleich langen ____________.
- Die gegenüberliegenden ____________ sind gleich groß.
- Die ____________ Seiten sind ____________ zueinander.
- Die Diagonalen stehen ____________ aufeinander.

2 **Kreuze die richtigen Aussagen an.**

- ☐ Ein Rechteck hat immer vier rechte Innenwinkel.
- ☐ Ein Parallelogramm hat immer vier rechte Innenwinkel.
- ☐ Eine Raute hat immer vier rechte Winkel.
- ☐ Ein Quadrat hat immer vier rechte Winkel.

3 **Berechne den Umfang U und den Flächeninhalt A des Rechtecks ABCD. Schreibe in die Kästchen.**

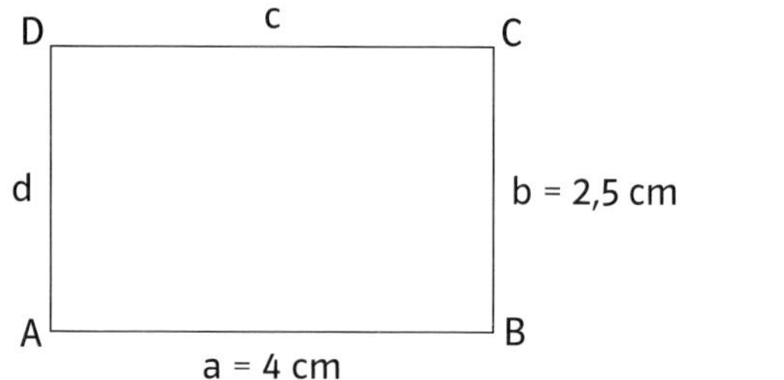

U = ☐

A = ☐

4 **Bestimme rechnerisch den Umfang U und den Flächeninhalt A.**

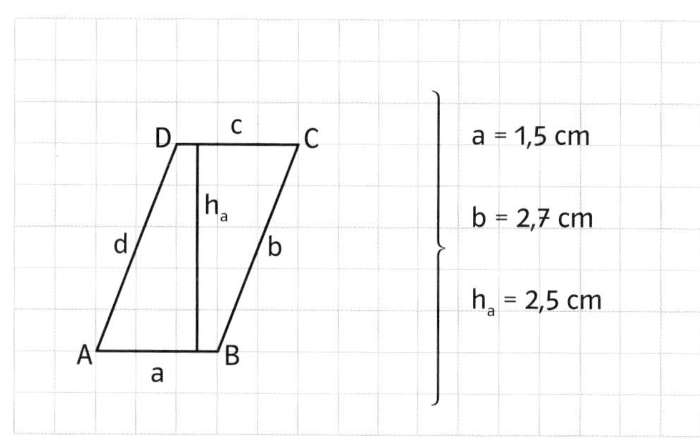

Viel Erfolg!

Aufgabe	1	2	3	4	∅
mögliche Punkte					
erreichte Punkte					

Lernzielkontrolle (B)	**Datum:** ______________
Thema: Vierecke II (1)	**Name:** ______________

1 **Betrachte die Figuren. Kreuze die jeweils richtigen Bezeichnungen an und schreibe die fehlenden Angaben in die Tabelle.**

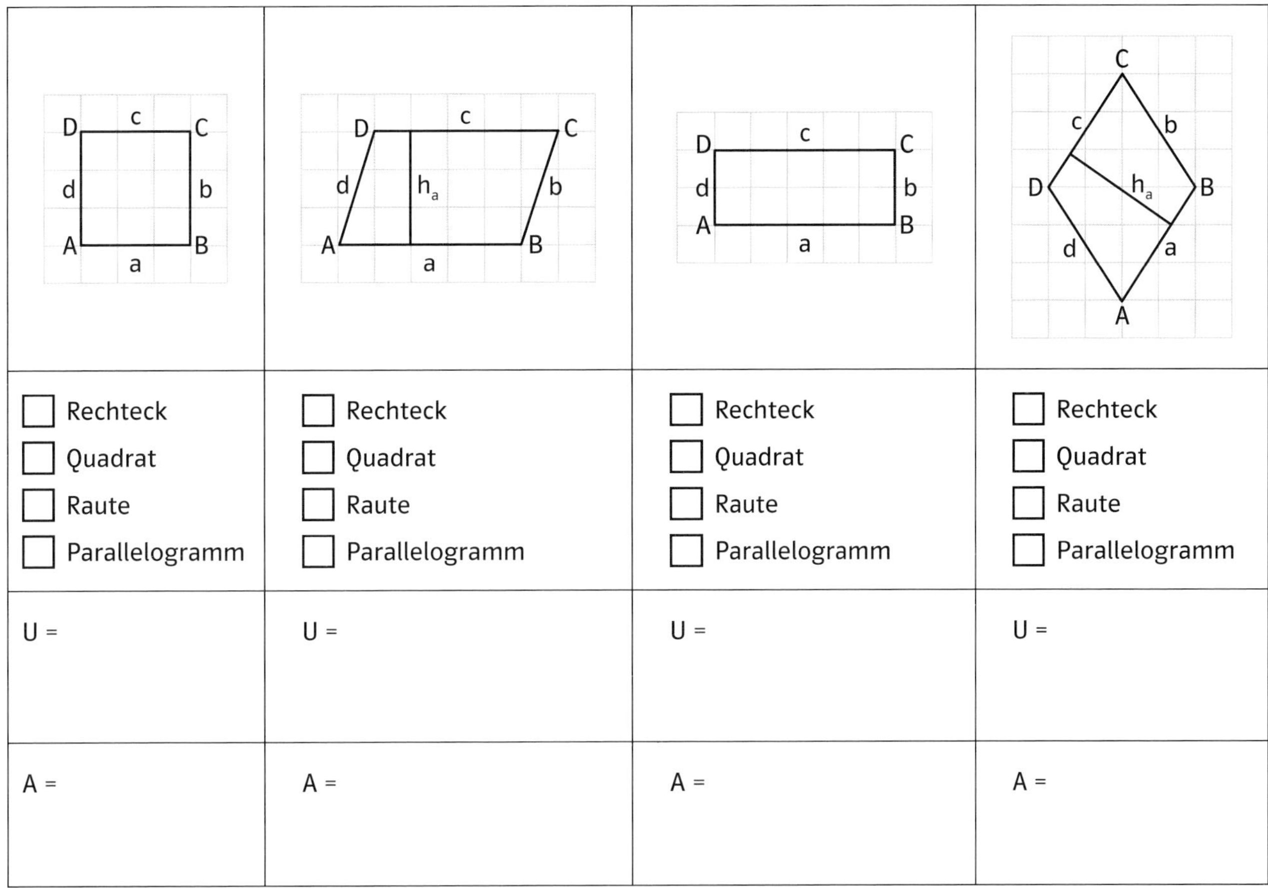

☐ Rechteck ☐ Quadrat ☐ Raute ☐ Parallelogramm	☐ Rechteck ☐ Quadrat ☐ Raute ☐ Parallelogramm	☐ Rechteck ☐ Quadrat ☐ Raute ☐ Parallelogramm	☐ Rechteck ☐ Quadrat ☐ Raute ☐ Parallelogramm
U =	U =	U =	U =
A =	A =	A =	A =

2 **Gegeben ist eine Raute ABCD. Bestimme die fehlenden Winkel und schreibe in die Kästchen.**

a) $\alpha = 63°$ → β = ☐

γ = ☐

δ = ☐

b) $\delta = 96{,}8°$ → α = ☐

β = ☐

γ = ☐

Lernzielkontrolle (B)	**Datum:** ______________
Thema: Vierecke II (2)	**Name:** ______________

3 Konstruiere eine Raute ABCD mit a = 5 cm und β = 120°.

4 Zeichne das Parallelogramm ABCD in das Koordinatensystem.

a) Bestimme den Umfang U und zeichne die Höhe h_a ein.

b) Berechne den Flächeninhalt A.

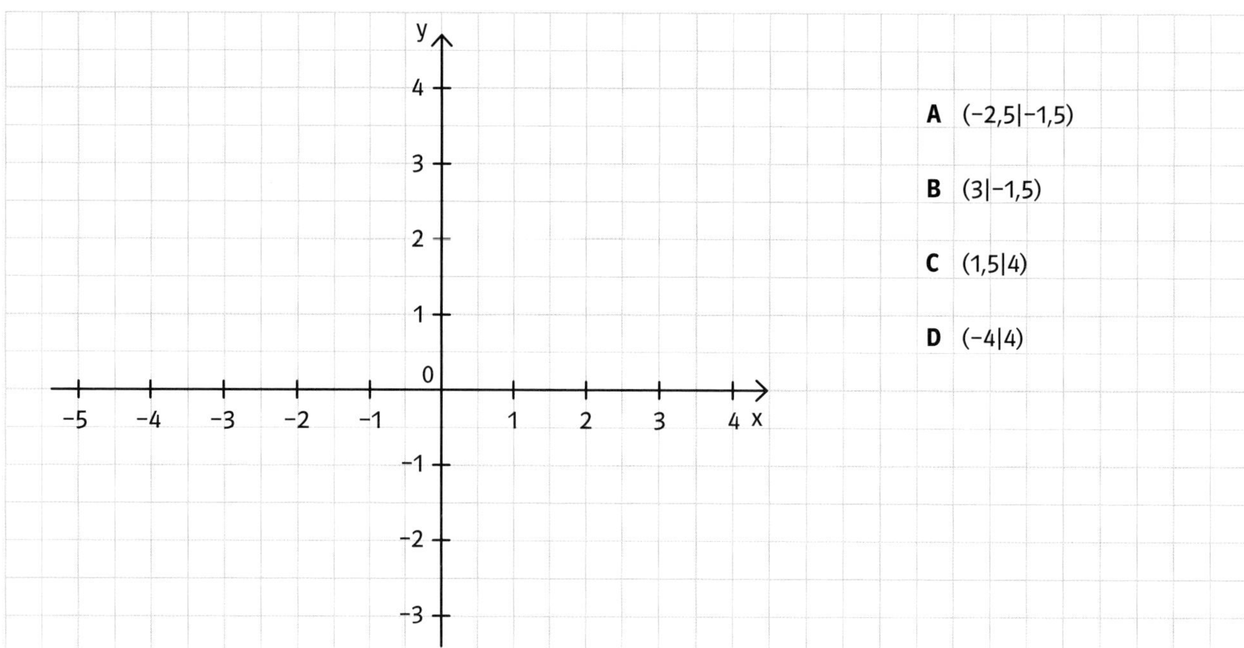

Viel Erfolg!

Aufgabe	1	2	3	4	∅
mögliche Punkte					
erreichte Punkte					

Lernzielkontrolle (A)	**Datum**: ______________
Thema: Vierecke III (1)	**Name**: ______________

❶ Welche der Vierecke sind Trapeze bzw. Drachenvierecke. Kreuze an.

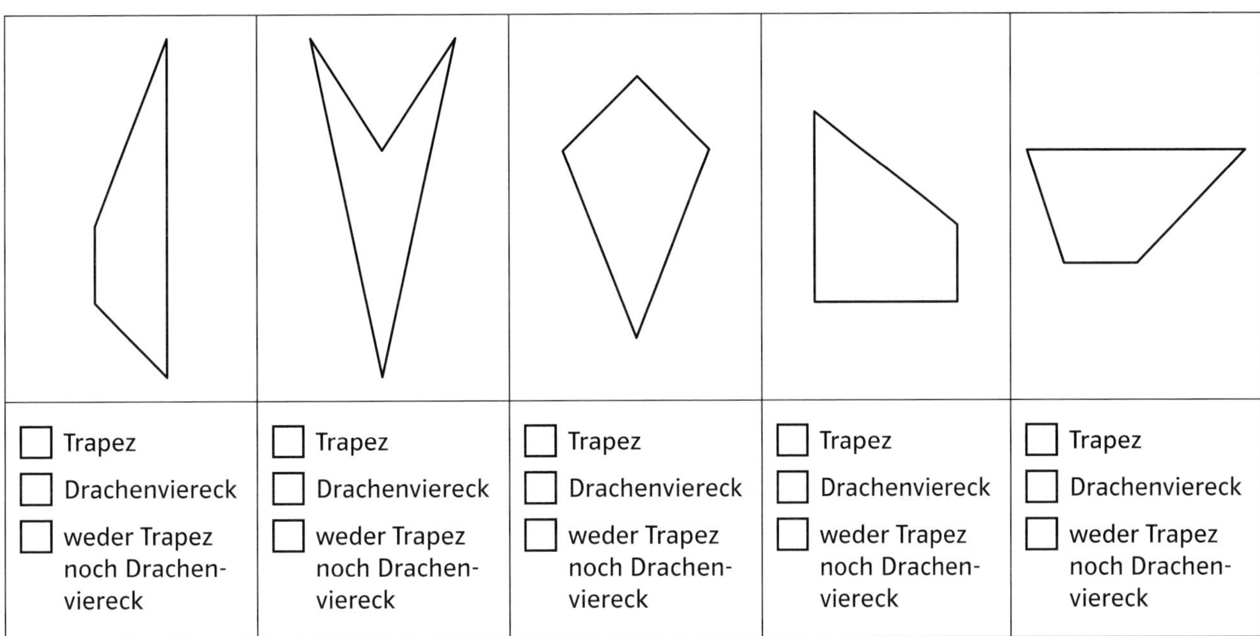

☐ Trapez	☐ Trapez	☐ Trapez	☐ Trapez	☐ Trapez
☐ Drachenviereck	☐ Drachenviereck	☐ Drachenviereck	☐ Drachenviereck	☐ Drachenviereck
☐ weder Trapez noch Drachenviereck	☐ weder Trapez noch Drachenviereck	☐ weder Trapez noch Drachenviereck	☐ weder Trapez noch Drachenviereck	☐ weder Trapez noch Drachenviereck

❷ Konstruiere das Trapez ABCD mit $a = 5$ cm, $\alpha = 60°$, $\beta = 80°$ und $b = 3$ cm.

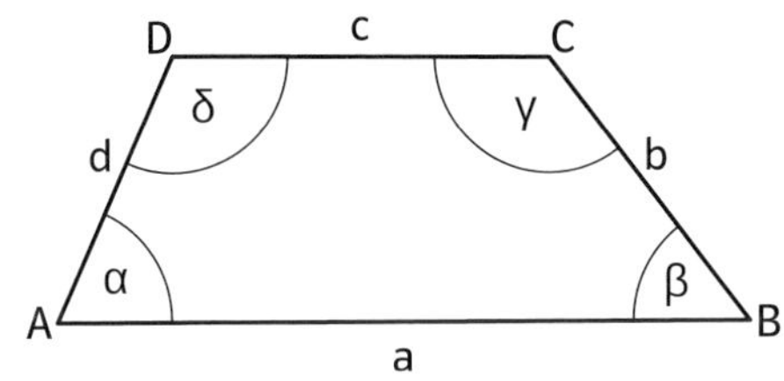

→ a ist parallel zu c

Lernzielkontrolle (A)	**Datum:** ________________
Thema: Vierecke III (2)	**Name:** ________________

3 Betrachte das Trapez: a = 5 cm, b = 5 cm, c = 9 cm, d = 3 cm.

a) Bestimme den Umfang U rechnerisch.

b) Berechne den Flächeninhalt A.

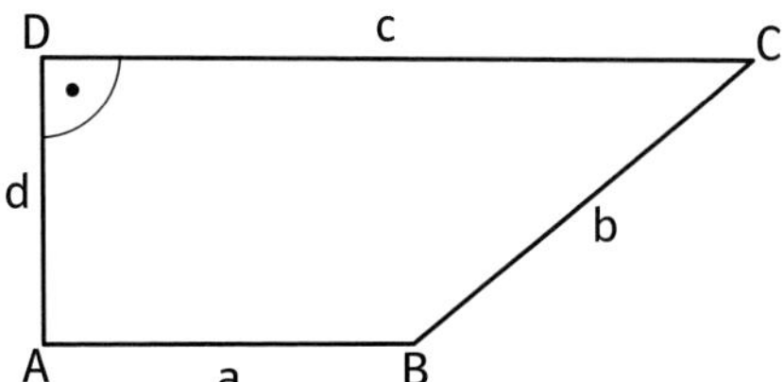

4 Bestimme die fehlenden Innenwinkel des Drachenvierecks.

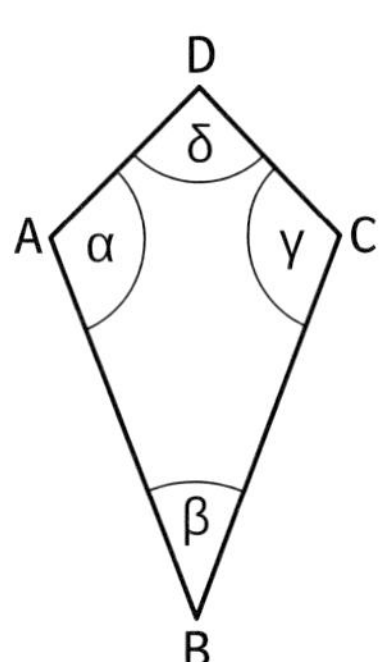

a) α = 120°

β = ☐

γ = ☐

δ = 70°

b) α = 131°

β = 63°

γ = ☐

δ = ☐

Viel Erfolg!

Aufgabe	1	2	3	4	Ø
mögliche Punkte					
erreichte Punkte					

Lernzielkontrolle (B)	**Datum:** ______________
Thema: Vierecke III	**Name:** ______________

1 Überprüfe die Aussagen und kreuze an.

a) Ein Trapez ist ein Viereck, bei dem mindestens zwei gegenüberliegende Seiten parallel zueinander sind. ☐ richtig ☐ falsch

b) Bei einem Trapez sind alle Innenwinkel gleich groß. ☐ richtig ☐ falsch

c) Die Höhe eines Trapezes ist der Abstand zwischen den beiden parallelen Grundseiten. ☐ richtig ☐ falsch

d) Bei einem gleichschenkligen Trapez sind die Basiswinkel immer 90° groß. ☐ richtig ☐ falsch

e) Bei einem Drachenviereck sind jeweils zwei Seiten gleich lang. ☐ richtig ☐ falsch

2 Konstruiere das gleichschenklige Trapez ABCD (AB II CD) mit a = 6,4 cm ; d = 2,8 cm und β = 45°.

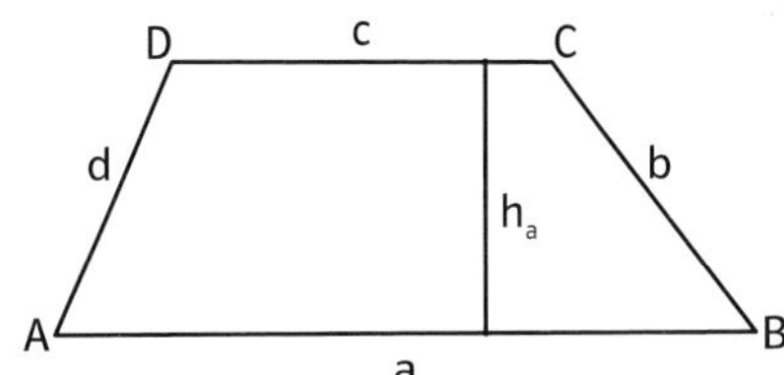

3 Berechne den Flächeninhalt A des Trapezes ABCD:
a = 7,2 dm, b = 2,8 dm, c = 4,5 dm, d = 2,1 dm, h_a = 2,0 dm.

4 Trage die Punkte in das Koordinatensystem ein und verbinde sie zu dem Viereck ABCD.

A (1|3) B (2,5|0,5) C (8,5|3) D (2,5|5,5)

a) Dieses Viereck ABCD nennt man: ______________________________.

b) Miss die Seitenlänge a, b, c und d. Bestimme den Umfang U rechnerisch.

c) Zeichne die Diagonalen e und f ein. Miss e und f und berechne den Flächeninhalt A.

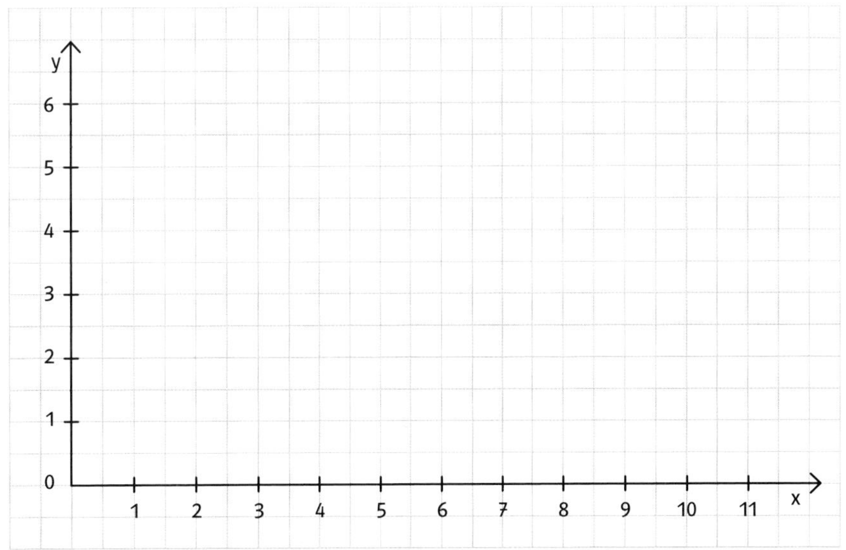

Viel Erfolg!

Aufgabe	1	2	3	4	∅
mögliche Punkte					
erreichte Punkte					

Lernzielkontrolle (A)	**Datum:** ______________
Thema: Prozentrechnung (1)	**Name:** ______________

1 **Bestimme die fehlenden Angaben.**

a) Zunahmefaktor:

Erhöhung um ...	7 %	13,5 %		
Zunahmefaktor			1,01	1,789

b) Abnahmefaktor:

Verminderung um ...	12 %	46,5 %		
Abnahmefaktor			0,991	0,107

2 **Maxi kauft sich ein Spiel für seine Konsole. Berechne den reduzierten Preis.**

3 **Michelle hat letzte Woche im Angebot ein neues Handy für 375 € gekauft. Der Preis ist inzwischen wieder um 7 % erhöht. Berechne den aktuellen Preis.**

Lernzielkontrolle (A)	**Datum:** ______________
Thema: Prozentrechnung (2)	**Name:** ______________

4 Vervollständige die Tabellen. Bestimme die fehlenden Angaben.

a)

Alter Preis	125 €		70 €	30 €
Erhöhung	10 %			
Zunahmefaktor		1,25		1,05
Neuer Preis		250 €	84 €	

b)

Alter Preis	270 €		400 €	99 €
Reduzierung		20 %		2 %
Abnahmefaktor	0,90			
Neuer Preis		100 €	200 €	

Viel Erfolg!

Aufgabe	1	2	3	4	Ø
mögliche Punkte					
erreichte Punkte					

Lernzielkontrolle (B)	**Datum:** ____________________
Thema: Prozentrechnung (1)	**Name:** ____________________

1 Schreibe in die Lücken.

a) Wenn der ursprüngliche Grundwert um 6 % erhöht wird, beträgt der Zunahmefaktor

____________________.

b) Wenn der ursprüngliche Grundwert um 13 % vermindert wird, lautet der

Abnahmefaktor ____________________.

c) Wenn der Zunahmefaktor 1,215 beträgt, wurde der ursprüngliche Grundwert um

____________________ erhöht.

d) Wenn der Abnahmefaktor 0,663 lautet, wurde der ursprüngliche Grundwert um

____________________ vermindert.

2 Marco arbeitet im Elektromarkt und muss die Preise auszeichnen. Die Preise sind Listenpreise ohne Mehrwertsteuer. Hilf Marco und bestimme die Verkaufspreise rechnerisch. Die Mehrwertsteuer beträgt 19 %.

3 Ein großes Kaufhaus in Nürnberg hat heute eine besondere Aktion: Es gibt aufgrund des 22-jährigen Jubiläums 22 % auf alles. Berechne die neuen Preise.

Lernzielkontrolle (B)	**Datum:**
Thema: Prozentrechnung (2)	**Name:**

4 **Kevin hatte am Wochenende im Onlineshop bestellt. Es gab 19 % Rabatt. Berechne die regulären Preise.**

reduzierter Preis:
64,80 €

reduzierter Preis:
40,50 €

5 **Jacqueline steht vor einem Schaufenster.**

Hat Jacqueline recht?
Begründe durch eine Rechnung.

Viel Erfolg!

Aufgabe	1	2	3	4	5	∅
mögliche Punkte						
erreichte Punkte						

Lernzielkontrolle (A)	**Datum:** ______________
Thema: Zinsrechnung I	**Name:** ______________

❶ **Ordne die Begriffe richtig zu. Verbinde die passenden Angaben.**

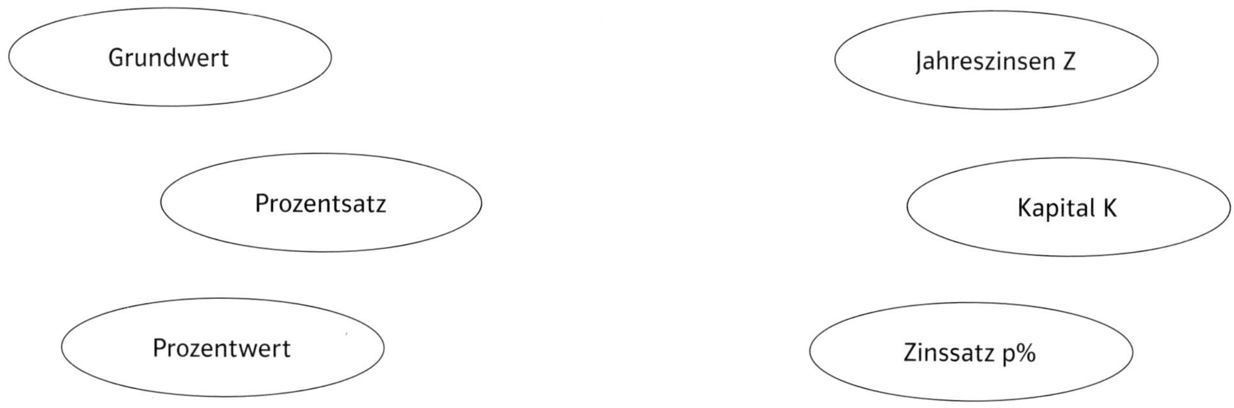

❷ **Kreuze die richtige Formel an.**

☐ Z • p% = K

☐ K • p% = Z

☐ K • Z = p%

❸ **Kathrin hat ein Kapital von 450 €. Ihre Bank hat einen Zinssatz von 2 %. Berechne die Jahreszinsen, die Kathrin erhält.**

❹ **Marco hat am Jahresanfang 1250 € auf seinem Konto. Am Jahresende erhält er 37,50 € Jahreszinsen von seiner Bank. Bestimme rechnerisch, wie hoch der Zinssatz ist.**

❺ **Maren bekommt am Jahresende 54 € Jahreszinsen von ihrer Bank gezahlt. Das entspricht 2 % des Kapitals vom Jahresanfang. Berechne das Kapital zum Jahresanfang und zum Jahresende.**

Viel Erfolg!

Aufgabe	1	2	3	4	5	∅
mögliche Punkte						
erreichte Punkte						

Lernzielkontrolle (B)	**Datum:** ____________________
Thema: Zinsrechnung I (1)	**Name:** ____________________

1 Vervollständige die Lücken mit Begriffen der Zinsrechnung.

Multipliziert man das ______________________________ mit dem ______________________________,

so erhält man die ______________________________.

2 Überprüfe und kreuze an. Es gilt: K = Kapital; Z = Jahreszinsen; p% = Zinssatz.

$K \cdot p\% = Z$	☐ richtig	☐ falsch
$Z \cdot p\% = K$	☐ richtig	☐ falsch
$\frac{Z}{p\%} = K$	☐ richtig	☐ falsch
$\frac{p\%}{Z} = K$	☐ richtig	☐ falsch
$\frac{Z}{K} = p\%$	☐ richtig	☐ falsch
$K \cdot Z = p\%$	☐ richtig	☐ falsch

3 Berechne die Jahreszinsen Z sowie den Zinssatz p%.

Jahresanfangskapital	2 500 €	4 750 €	12 384 €	999 €
Jahresendkapital	2 575 €	4 963,75 €	12 507,84 €	1 028,97 €
Jahreszinsen				
Zinssatz				

Lernzielkontrolle (B)	**Datum:** ______________
Thema: Zinsrechnung I (2)	**Name:** ______________

4 **Lies dir durch was Mischa (M) und Alexander (A) sagen.**

Würdest du dein Kapital bei Mischas Bank oder Alexanders Bank anlegen?
Begründe rechnerisch, indem du die Zinssätze bestimmst.

Viel Erfolg!

Aufgabe	1	2	3	4	∅
mögliche Punkte					
erreichte Punkte					

Lernzielkontrolle (A)	**Datum:** ______________
Thema: Zinsrechnung II	**Name:** ______________

1 Setze die richtigen Angaben der Zinsrechnung in die Lücken ein.

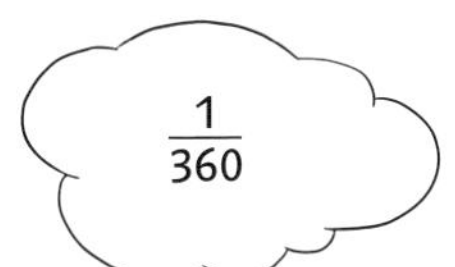

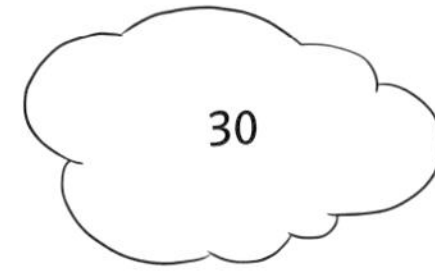

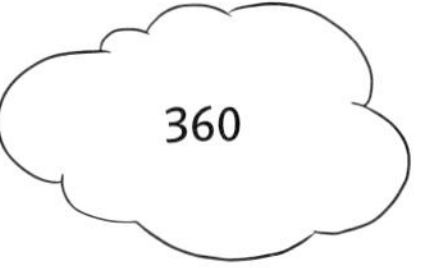

a) Ein Jahr besteht aus ______________ Tagen.

b) Für einen Zinstag gilt: ______________.

c) Ein Jahr besteht aus ______________ Monaten.

d) Jeder Monat hat ______________ Tage.

2 Berechne die Zinsen für die angegebene Zeitspanne.

a) Kapital = 500 € Zinssatz = 10 % Zeitspanne = $\frac{1}{2}$ Jahr

b) Kapital = 1250 € Zinssatz = 5 % Zeitspanne = 6 Monate

c) Kapital = 100 € Zinssatz = 2,5 % Zeitspanne = 180 Tage

d) Kapital = 1800 € Zinssatz = 20 % Zeitspanne = 180 Tage

3 Julien hat von seinem Opa 2 000 € bekommen und bei der Bank mit einem Zinssatz von 3 % angelegt.

a) Berechne das Kapital nach einem Jahr.

b) Berechne das Kapital nach einem weiteren Jahr.

4 Bestimme rechnerisch das Endkapital.

a) Ausgangskapital = 5 000 € Zinssatz = 1 % Zeitspanne = 2 Jahre

b) Ausgangskapital = 12 000 € Zinssatz = 5 % Zeitspanne = 3 Jahre

Viel Erfolg!

Aufgabe	1	2	3	4	Ø
mögliche Punkte					
erreichte Punkte					

Lernzielkontrolle (B) **Datum:** ______________________

Thema: Zinsrechnung II (1) **Name:** ______________________

❶ Verbinde die richtigen Angaben der Zinsrechnungen mit den Bestandteilen der Zinsformel.

Zinsformel: $\mathbf{Z = K \cdot p\% \cdot t}$

Zeitspanne Jahreszinsen Zinssatz Kapital

❷ Setze die richtigen Angaben der Zinsrechnung ein. Schreibe in die Kästchen.

1 Jahr → ☐ Monate → ☐ Tage

1 Monat → ☐ Tage

❸ Kreuze an.

190 Tage = $\frac{1}{2}$ Jahr	☐ richtig	☐ falsch
2 Monate = 62 Tage	☐ richtig	☐ falsch
1 Tag = $\frac{1}{360}$ Jahr	☐ richtig	☐ falsch
$\frac{3}{4}$ Jahr = 270 Tage	☐ richtig	☐ falsch

❹ Berechne die Zinsen.

a) Kapital = 960 € Zinssatz = 2 % Zeitspanne = $\frac{1}{3}$ Jahr

b) Kapital = 2 700 € Zinssatz = 4 % Zeitspanne = 27 Tage

c) Kapital = 1 200 € Zinssatz = 4,5 % Zeitspanne = 4 Monate

Lernzielkontrolle (B)	**Datum:** ______________
Thema: Zinsrechnung II (2)	**Name:** ______________

5 **Jan hat bei seiner Bank 6700 € vom 01.01.2020 bis zum 15.04.2020 bei einem Zinssatz von 3 % angelegt.**

a) Für wie viele Tage legt Jan sein Kapital an? Beachte die Vereinbarungen der Zinsrechnung.

b) Wie viel Zinsen erhält er?

6 **Bestimme das Endkapital rechnerisch.**

a) Startkapital = 10000 € Zinssatz = 5 % Zeit = 3 Jahre

b) Startkapital = 7200 € Zinssatz = 3,5 % Zeit = 2 Jahre

c) Startkapital = 100000 € Zinssatz = 1,9 % Zeit = 5 Jahre

7 **Nach wie viel Jahren hat sich ein Startkapital von 500 € bei einem Zinssatz von 4 % verdoppelt?**

Viel Erfolg!

Aufgabe	1	2	3	4	5	6	7	Ø
mögliche Punkte								
erreichte Punkte								

Lernzielkontrolle (A)	Datum: ______
Thema: Wahrscheinlichkeitsrechnung I (1)	Name: ______

1 **Hasan hat alle Schülerinnen und Schüler seiner Klasse befragt.**

HAUSTIERE

Hunde: 𝍸 ||
Katzen: |||
Hamster: 𝍸
Pferde: ||
keine Haustiere: 𝍸 𝍸 ||

29 Schülerinnen und Schüler

a) Notiere die absoluten Häufigkeiten in die Kästchen.

☐ Schülerinnen und Schüler haben einen Hund.

☐ Schülerinnen und Schüler haben eine Katze.

☐ Schülerinnen und Schüler haben einen Hamster.

☐ Schülerinnen und Schüler haben ein Pferd.

☐ Schülerinnen und Schüler haben keine Tiere.

b) Bestimme die relativen Häufigkeiten.

	Bruch
Hunde	
Katzen	
Hamster	
Pferde	
keine Haustiere	

Lernzielkontrolle (A)	**Datum**: ______________
Thema: Wahrscheinlichkeitsrechnung I (2)	**Name**: ______________

c) Stelle das Säulendiagramm fertig.

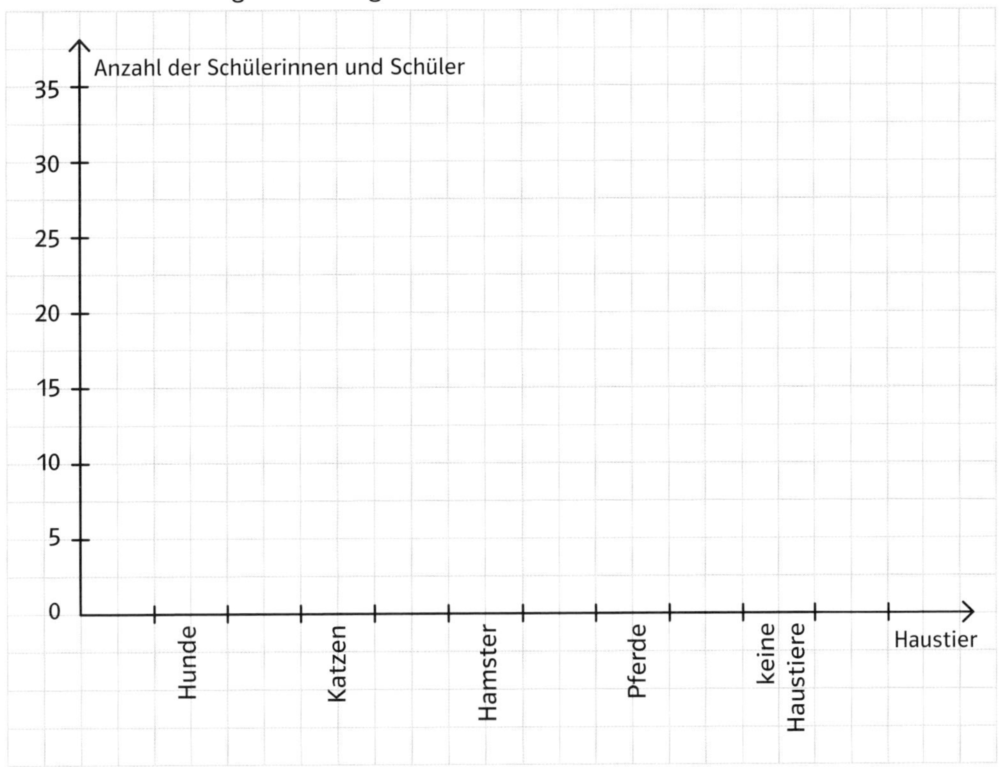

2 **Betrachte das Kreisdiagramm. Es wurden 300 Personen über ihre Lieblingssportart befragt. Schreibe die absoluten Häufigkeiten in die Kästchen.**

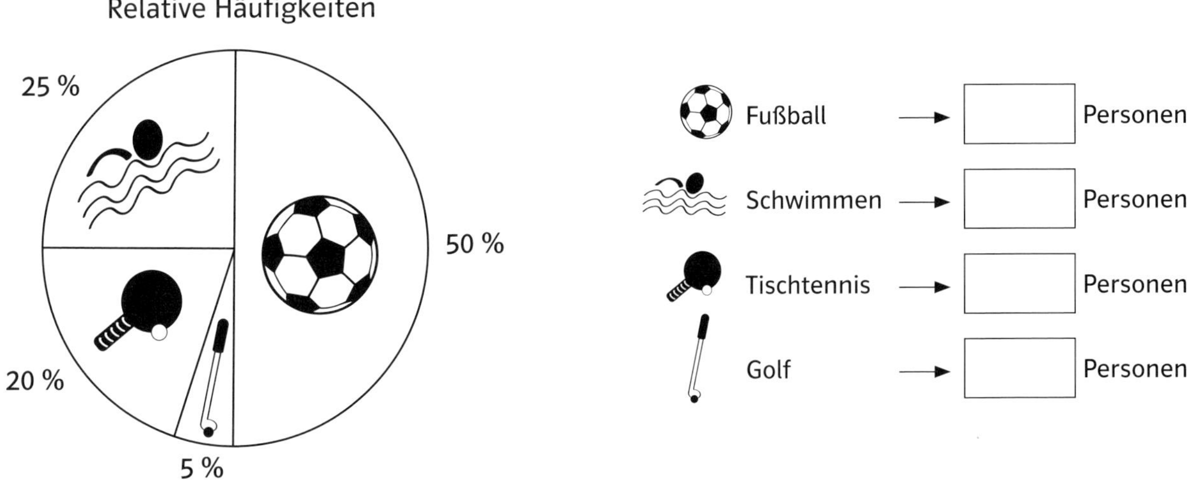

Viel Erfolg!

Aufgabe	**1**	**2**	**∅**
mögliche Punkte			
erreichte Punkte			

Lernzielkontrolle (B) | **Datum:** ____________

Thema: Wahrscheinlichkeitsrechnung I (1) | **Name:** ____________

1 **An der Erich Kästner-Schule findet demnächst eine Projektwoche statt. Frau Zimmermann hat eine Strichliste angefertigt.**

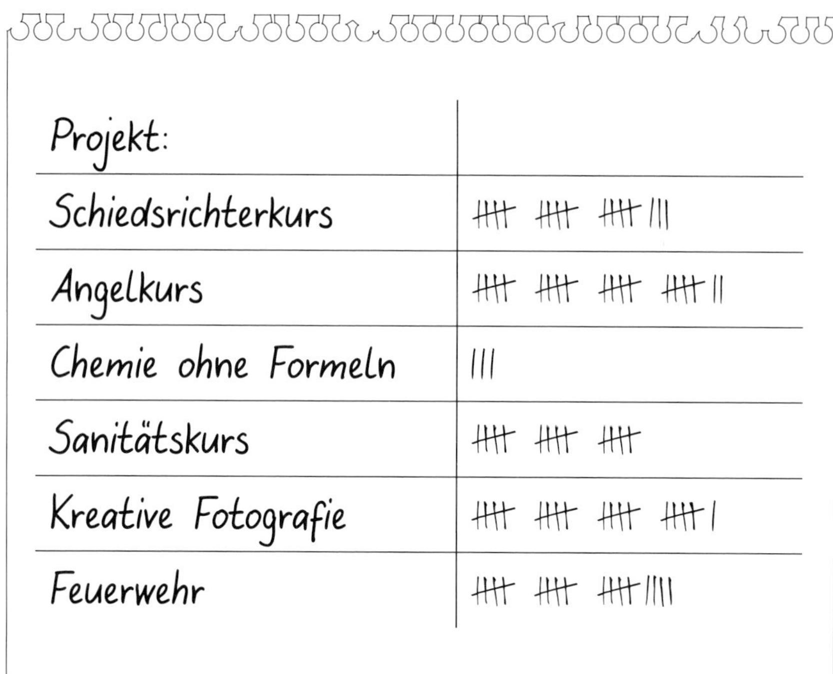

Projekt:	
Schiedsrichterkurs	卌 卌 卌 |||
Angelkurs	卌 卌 卌 卌 ||
Chemie ohne Formeln	|||
Sanitätskurs	卌 卌 卌
Kreative Fotografie	卌 卌 卌 卌	
Feuerwehr	卌 卌 卌 ||||

a) Ermittle die absoluten Häufigkeiten und notiere sie.

- Schiedsrichterkurs: ____________ Schülerinnen und Schüler
- Angelkurs: ____________ Schülerinnen und Schüler
- Chemie ohne Formeln: ____________ Schülerinnen und Schüler
- Sanitätskurs: ____________ Schülerinnen und Schüler
- Kreative Fotografie: ____________ Schülerinnen und Schüler
- Feuerwehr: ____________ Schülerinnen und Schüler

b) Wie viele Schülerinnen und Schüler sind es insgesamt?

Gesamtanzahl: ____________ Schülerinnen und Schüler

c) Zeichne ein geeignetes Säulendiagramm und stelle die absoluten Häufigkeiten grafisch dar.

Lernzielkontrolle (B)	**Datum:** ______________
Thema: Wahrscheinlichkeitsrechnung I (2)	**Name:** ______________

d) Bestimme die relativen Häufigkeiten. Vervollständige die Tabelle.

Projekt	Bruch	Dezimalbruch	Prozentangabe
Schiedsrichterkurs			
Angelkurs			
Chemie ohne Formeln			
Sanitätskurs			
Kreative Fotografie			
Feuerwehr			

❷ Emily hat eine Umfrage in ihrer Klasse gemacht. Bestimme die relativen Häufigkeiten in Prozent und vervollständige das Kreisdiagramm. Beschrifte das Kreisdiagramm.

Welche Hobbys hast du?

Fußball spielen:	12 Schülerinnen und Schüler
Computer spielen:	6 Schülerinnen und Schüler
Lesen:	3 Schülerinnen und Schüler
Musik hören:	3 Schülerinnen und Schüler

Fußball spielen: ☐

Computer spielen: ☐

Lesen: ☐

Musik hören: ☐

Viel Erfolg!

Aufgabe	1	2	∅
mögliche Punkte			
erreichte Punkte			

Lernzielkontrolle (A)	**Datum:** _______________
Thema: Wahrscheinlichkeitsrechnung II (1)	**Name:** _______________

1 **Bestimme den Durchschnitt $\bar{x}$ rechnerisch.**

2 **Marco hat an der Tafel notiert, wie viel Taschengeld seine Mitschülerinnen und Mitschüler bekommen. Bestimme die Spannweite.**

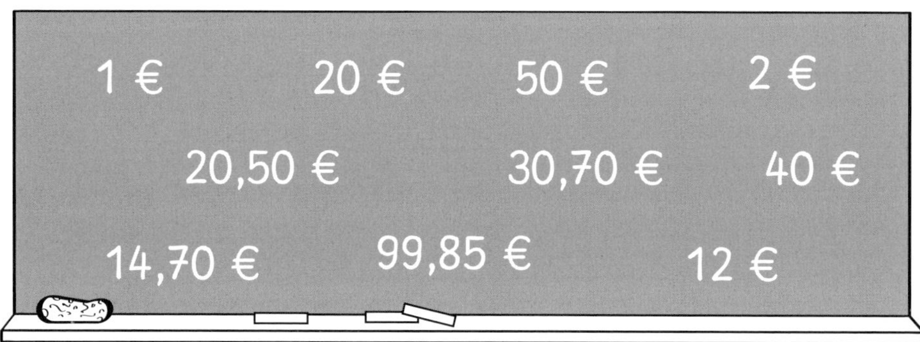

3 **Chiara hat die Körpergrößen ihrer Familie notiert.**

Papa: 1,81 m   Chiara: 1,65 m   Oma: 1,60 m
Mama: 1,69 m   Kevin: 1,79 m   Opa: 1,82 m

a) Sortiere die Ergebnisse der Größe nach. Beginne mit der Kleinsten.

_______ < _______ < _______ < _______ < _______ < _______

b) Berechne den Zentralwert (Median).

Lernzielkontrolle (A)	**Datum:** ________________
Thema: Wahrscheinlichkeitsrechnung II (2)	**Name:** ________________

4 **An der Erich Kästner-Schule wurde eine Umfrage gemacht. Berechne die fehlenden Angaben und vervollständige die Tabelle.**

	Mädchen	Jungen	Gesamt
Schwimmer(in)	63		
Nichtschwimmer(in)		101	
Gesamt		218	370

Viel Erfolg!

Aufgabe	1	2	3	4	Ø
mögliche Punkte					
erreichte Punkte					

Lernzielkontrolle (B)	**Datum:** ______________
Thema: Wahrscheinlichkeitsrechnung II (1)	**Name:** ______________

❶ Erkläre kurz die Begriffe.

- Spannweite: ____

  ____

- Arithmetisches Mittel: ____

  ____

- Median: ____

  ____

❷ Herr Stey hat bei der Rückgabe der Mathearbeit die Punkte-Noten-Verteilung an die Tafel geschrieben. Bestimme rechnerisch das arithmetische Mittel $\bar{x}$. Runde auf die erste Nachkommastelle.

Note	Punkte	Anzahl
1	80 - 76	III
2	75 - 64	𝍸 I
3	63 - 52	𝍸 IIII
4	51 - 40	𝍸 II
5	39 - 20	II
6	19 - 0	I

❸ Die Abnehmgruppe „Super fit!" hat bei dem letzten Treffen die aktuellen Körpergewichte notiert.

Sinan: 105 kg	Bea: 81 kg	Marvin: 91 kg	Sediq: 80 kg
Sermed: 72 kg	Kevin: 85 kg	Laura: 68 kg	Mariam: 70 kg

a) Erstelle die Rangliste.
b) Bestimme die Spannweite.
c) Berechne den Median.
d) Fertige ein Boxplot an.

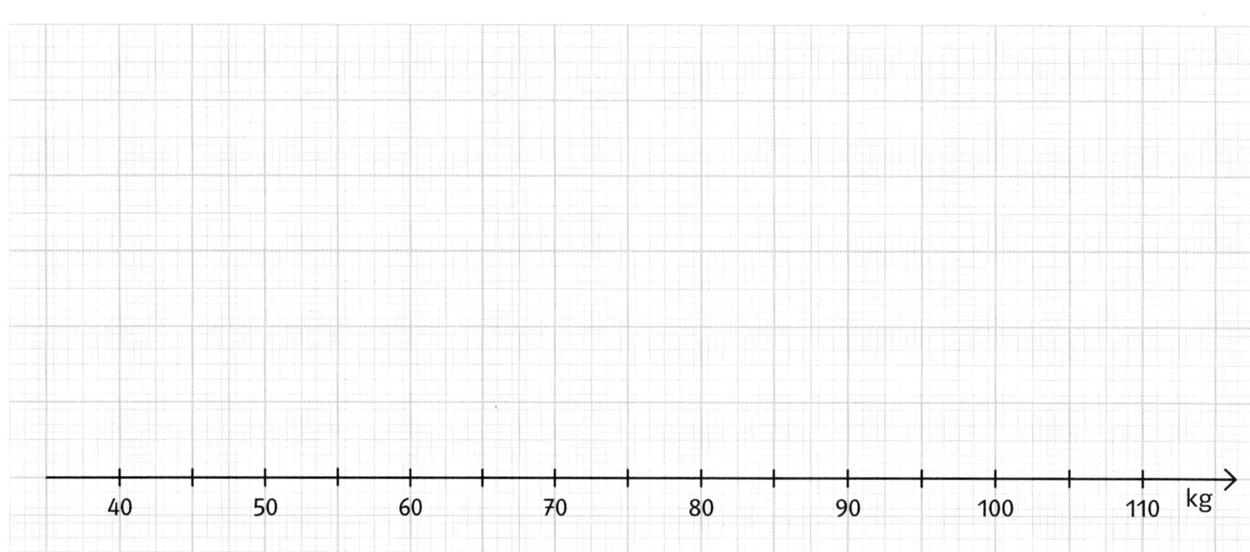

Lernzielkontrolle (B)	**Datum:** ______________
Thema: Wahrscheinlichkeitsrechnung II (2)	**Name:** ______________

4 Lies den Text. Übertrage die Angaben in die Tabelle und vervollständige sie dann.

Maxi hat eine Umfrage mit dem Thema „Hast du ein Smartphone?" in seiner Klasse mit insgesamt 32 Schülerinnen und Schülern durchgeführt.

Bei der Gruppe der Mädchen kam raus, dass zwei der insgesamt 11 Mädchen kein Smartphone haben. Bei der Gruppe der Jungen sind es im Vergleich doppelt so viele, die kein Smartphone haben.

	Mädchen	**Jungen**	**Gesamt**
Smartphone			
kein Smartphone			
Gesamt			

Viel Erfolg!

Aufgabe	**1**	**2**	**3**	**4**	**∅**
mögliche Punkte					
erreichte Punkte					

Proportionale Zuordnungen (A) Seite 6

1 **a)** Max kauft 3 Kürbisse und bezahlt 6 €.
Familie Bettner kauft 20 Bananen und bezahlt 10 €.
Lea kauft 4 Kürbisse und bezahlt 8 €.
Luisa kauft 9 Bananen und bezahlt 4,50 €.
Familie Heinrich kauft 7 Kürbisse und bezahlt 14 €.
Pierre kauft 11 Bananen und bezahlt 5,50 €.

b) Die richtigen Aussagen sind:

Wenn Tobias mehr Kürbisse verkauft, nimmt er mehr Geld ein.

Wenn Tobias weniger Bananen verkauft, nimmt er weniger Geld ein.

c)

Verkauf Kürbisse					
Kürbisse	0	1	2	3	4
Preis	0 €	2 €	4 €	6 €	8 €

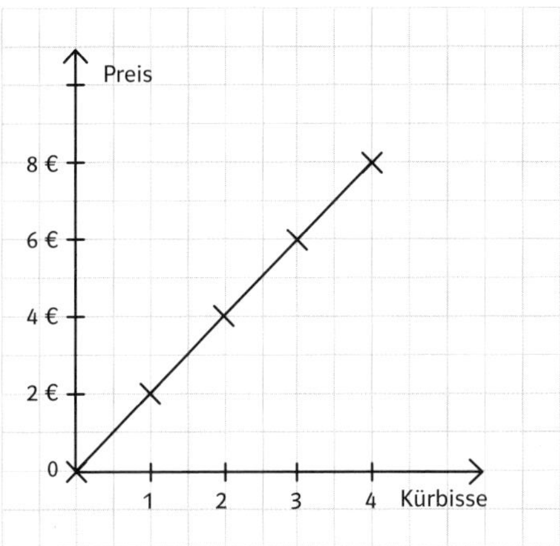

Verkauf Bananen					
Bananen	0	1	2	3	4
Preis	0 €	0,50 €	1 €	1,50 €	2 €

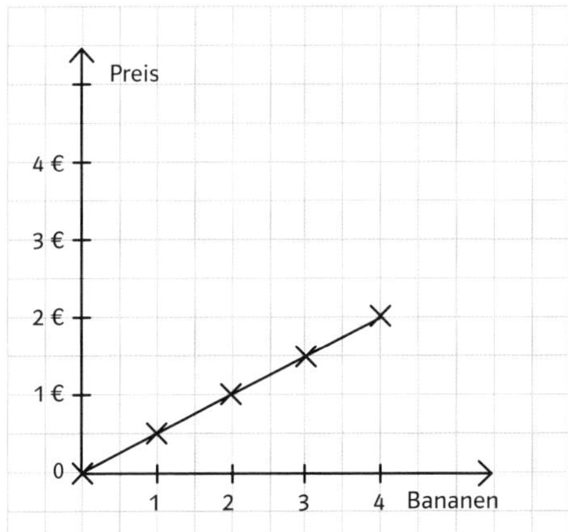

2

	Preis in Euro
1	0,30
3	0,90
5	1,50

	Preis in Euro
2	15,00
1	7,50
9	67,50

	Preis in Euro
21	315 000
1	15 000
3	45 000

Proportionale Zuordnungen (B) Seite 8

1

Jutta kauft 2 Croissants für 3 Euro.					
Anzahl Croissants	0	1	2	3	4
Preis in €	0 €	1,50 €	3,00 €	4,50 €	6,00 €

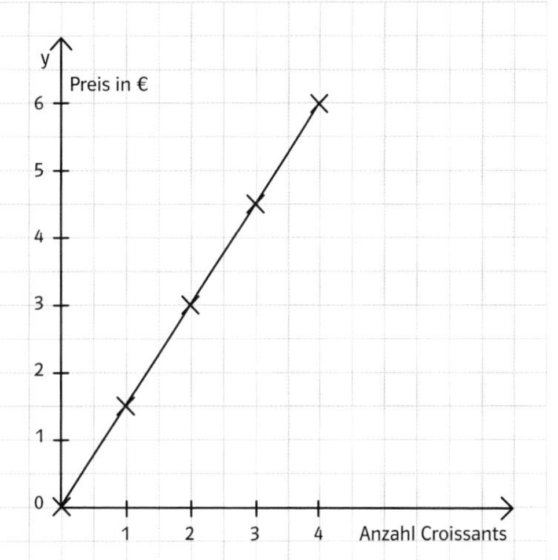

Mariam kauft 30 Kieselsteine für 1,50 €.					
Anzahl Kieselsteine	0	15	30	45	60
Preis in €	0 €	0,75 €	1,50 €	2,25 €	3,00 €

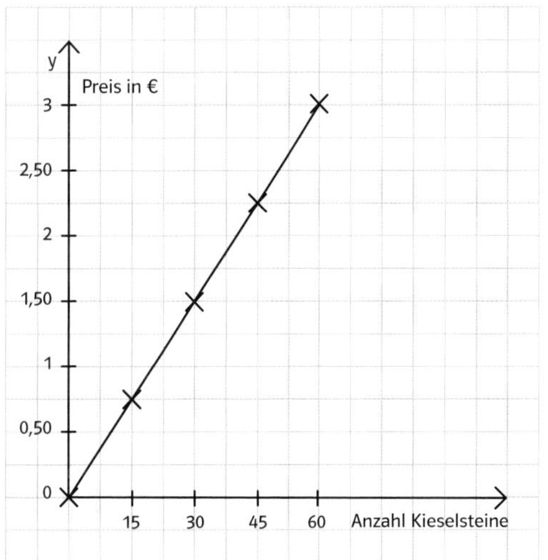

❷

Tomaten (kg)	Preis in Euro
5	13,00
1	2,60
2,5	6,50

Kirschen (g)	Preis in Euro
250	2,75
750	8,25
1000	11,00

Kokosnuss (Stück)	Preis in Euro
10	19,90
2	3,98
12	23,88

❸ 26,70 € = 3 Tickets → 8,90 € = 1 Ticket
Nora muss für 1 Kinoticket 8,90 € bezahlen.

❹ Verdoppelt man eine Größe (z. B. Anzahl der Tickets), so muss man auch die dazugehörige Größe (z. B. den Preis) verdoppeln.

Halbiert man eine Ausgangsgröße, so muss man die dazugehörige Größe auch halbieren

Der Graph einer proportionalen Zuordnung beginnt im Koordinatensystem immer im Koordinatenursprung bzw. Nullpunkt.

❺
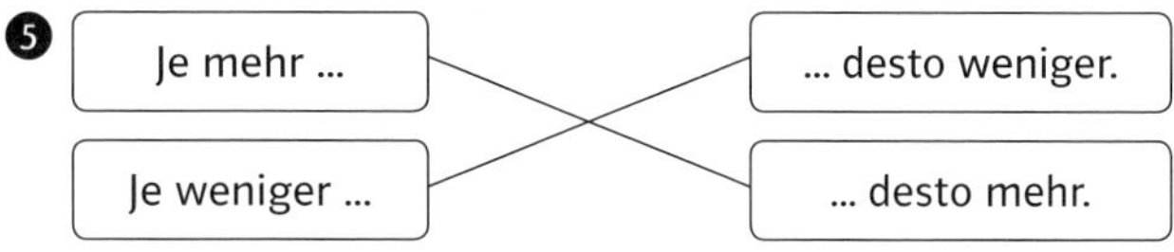

Antiproportionale Zuordnungen (A) Seite 10

❶

Anzahl Pferde	Futtervorrat hält ... Tage.
60	72
30	144
15	288

❷

Personen, die helfen	1	2	4	5	10	50	100
Anzahl der Zwiebeln	100	50	25	20	10	2	1

❸ a)

Anzahl der Bauarbeiter	6	3	2	12	24	36
Arbeitszeit in Tagen	12	24	36	6	3	2

b) Der rechte Graph stellt die richtige Zuordnung dar.

Antiproportionale Zuordnungen (B) Seite 11

❶

Anzahl Hunde	Futtervorrat hält ... Tage
3	14
1	42
6	7

Anzahl der Gärtner	Arbeitsstunden
1	10
2	5
5	2

Anzahl der Pumpen	Anzahl der Stunden, bis der Pool leer ist.
2	12,5
1	25
5	5

❷ Verdoppelt man eine Größe (z. B. Anzahl der Personen, die helfen), so muss man die dazugehörige Größe (z. B. den Preis, den jeder einzelne bezahlen muss) halbieren.

Der Graph einer antiproportionalen Zuordnung heißt Hyperbel.

❸
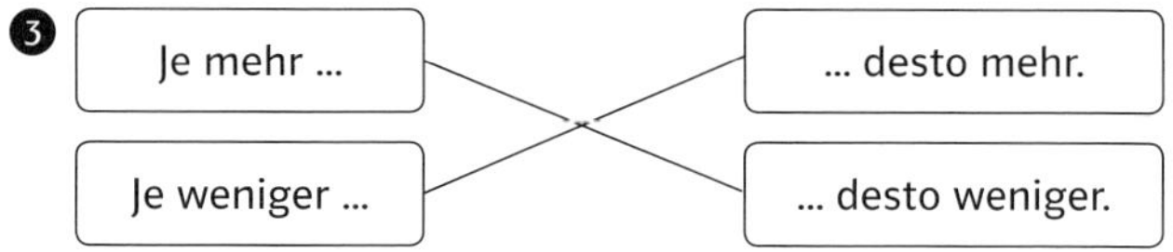

❹ Es bezahlen sechs Lehrkräfte weniger mit. Dann muss jede Lehrkraft 12 Euro bezahlen.

Es bezahlen vier Lehrkräfte mehr mit. Dann muss jede Lehrkraft 9 Euro bezahlen.

Vermischte Übungen – Zuordnungen (A) Seite 13

❶ Die erste Zuordnung ist antiproportional.
Die zweite Zuordnung ist proportional.

❷

Gewicht in g	Preis in Euro
200	4
600	12
800	16
1800	36

Fläche in m²	Preis in Euro
120	18 000
40	6 000
30	4 500
150	22 500

❸

Anzahl der Pumpen	Dauer des Ablassvorgangs in Tagen
1	12
2	6
3	4

❹

zusätzliches Datenvolumen	Gesamtkosten in Euro
200	11,40
400	12,90
600	14,40
1000	15,90

❺

Gewicht in g	Preis in Euro
9	12,15
3	4,05
6	8,10
15	20,25
30	40,50

❻

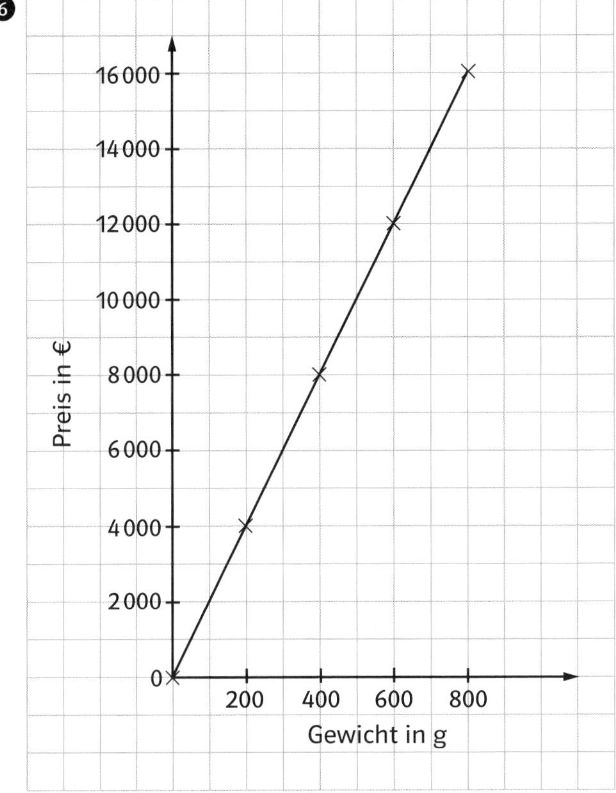

Vermischte Übungen – Zuordnungen (B) Seite 15

❶

Anzahl Bauarbeiter	Arbeitszeit in Stunden
4	10
5	8
16	2,5
10	4

❷ **a)** 800 km; **b)** 33,6 l

❸ **a)** 241,67 kg; **b)** 20 550 kg

❹

Seite *a* in cm	Seite *b* in cm
12	12
6	24
1,5	96
30	4,8

❺ Sie müssten 2 688,00 Euro bezahlen.

❻ Die Planierraupen brauchen 10 Stunden.

Prozentrechnung I (A) Seite 17

❶ **a)** Frau Schmidt kauft 5 Äpfel und 2 Bananen.
Insgesamt hat sie 7 Äpfel und Bananen gekauft.

b)

	Stückzahl	Anteil als Bruch
(Apfel)	5	$\frac{5}{7}$
(Banane)	2	$\frac{2}{7}$
gesamt	7	$\frac{7}{7}$

❷ **a)** Wie viele Personen essen Popcorn oder Chips?
Insgesamt: 76 Personen.

Wie viele Personen trinken Eistee oder Wasser?
Insgesamt: 51 Personen.

b)

	Personen, die Eistee trinken	Personen, die Chips oder Popcorn essen	Personen, die Eistee oder Wasser trinken
Anzahl	37	76	51
Bruch	$\frac{37}{100}$	$\frac{76}{100}$	$\frac{51}{100}$
Prozent	37 %	76 %	51 %

❸ **a)** richtig; **b)** falsch; **c)** richtig; **d)** falsch

Prozentrechnung I (B) Seite 19

❶ 5 % bedeutet 5 von 100 Personen. 62 Personen von 100 Personen entspricht 62 Prozent.

❷

	Prozent-schreib-weise	Hunderts-telbruch	Dezimal-bruch
ein Prozent	1 %	$\frac{1}{100}$	0,01
zehn Prozent	10 %	$\frac{10}{100}$	0,1
25 Prozent	25 %	$\frac{25}{100}$	0,25
90 Prozent	90 %	$\frac{90}{100}$	0,9
37 Prozent	37 %	$\frac{37}{100}$	0,37
84,2 Prozent	84,2 %	$\frac{84,2}{100}$	0,842

❸

	Treffer	keine Treffer
absoluter Vergleich	18	7
relativer Vergleich	$\frac{18}{25}$	$\frac{7}{25}$

4

	Hauptgewinn	Gewinn	Niete
absoluter Vergleich	2	50	318
relativer Vergleich	$\frac{2}{370}$	$\frac{50}{370}$	$\frac{318}{370}$

5
a) $\frac{3}{20} \rightarrow \frac{15}{100} \rightarrow 15\ \%$
b) $\frac{3}{10} \rightarrow \frac{30}{100} \rightarrow 30\ \%$
c) $\frac{40}{400} \rightarrow \frac{10}{100} \rightarrow 10\ \%$
d) $\frac{24}{60} \rightarrow \frac{40}{100} \rightarrow 40\ \%$

Prozentrechnung II (A) Seite 21

1
a) $4\ \% \rightarrow \frac{4}{100}$
b) $17\ \% \rightarrow \frac{17}{100}$
c) $64\ \% \rightarrow \frac{64}{100}$
d) $133\ \% \rightarrow \frac{133}{100}$

2
a) $\frac{3}{50} \rightarrow \frac{6}{100} \rightarrow 6\ \%$
b) $\frac{133}{190} \rightarrow \frac{70}{100} \rightarrow 70\ \%$
c) $\frac{10}{20} \rightarrow \frac{50}{100} \rightarrow 50\ \%$
d) $\frac{52}{80} \rightarrow \frac{65}{100} \rightarrow 65\ \%$

3

Prozent	1 %	9 %	50 %	25 %	100 %
Dezimalbruch	0,01	0,09	0,5	0,25	1
Bruch	$\frac{1}{100}$	$\frac{9}{100}$	$\frac{1}{2}$	$\frac{25}{100}$	$\frac{1}{1}$

4
a) $\frac{3}{5} \rightarrow 60\ \%$
b) $\frac{16}{20} \rightarrow 80\ \%$

5

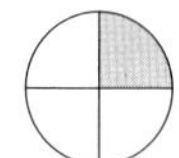
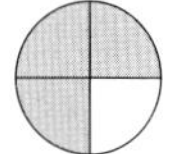
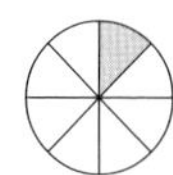

Anteil	$\frac{1}{4}$	$\frac{3}{4}$	$\frac{1}{8}$
Prozent	25 %	75 %	12,5 %

Prozentrechnung II (B) Seite 22

1

Bruch	$\frac{1}{2}$	$\frac{1}{4}$	$\frac{3}{5}$	$\frac{4}{25}$	$\frac{1}{8}$
Hundertstelbruch	$\frac{50}{100}$	$\frac{25}{100}$	$\frac{60}{100}$	$\frac{16}{100}$	$\frac{12,5}{100}$
Dezimalbruch	0,5	0,25	0,6	0,16	0,125
Prozent	50 %	25 %	60 %	16 %	12,5 %

2 $\frac{1}{2} > \frac{1}{3}$ $\frac{1}{4} < \frac{1}{2}$ $\frac{3}{9} = \frac{1}{3}$ $0,7 = \frac{7}{10}$ $0,85 > 84\ \%$ $\frac{22}{11} > 0,22$

3

4 4 von 16 Personen = 25 %

5

6 Tischtennis spielen 12 Kinder.
Fußball spielen 180 Kinder.
Badminton spielen 30 Kinder.
Handball spielen 78 Kinder.

7 a)

Note	1	2	3	4	5	6
Anzahl Schüler	2	4	7	6	5	1
in Prozent (%)	8	16	28	24	20	4

b)

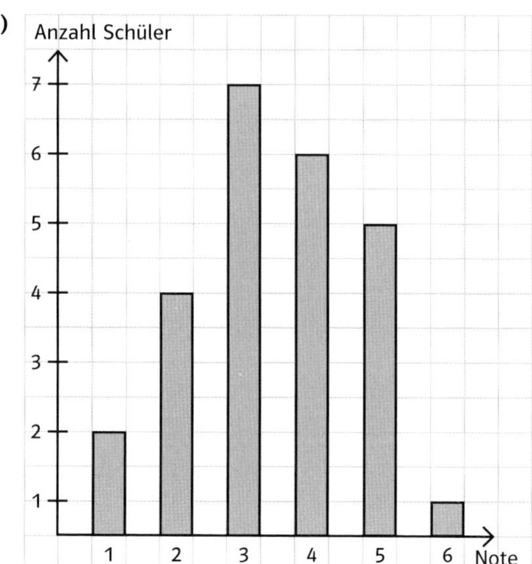

c)

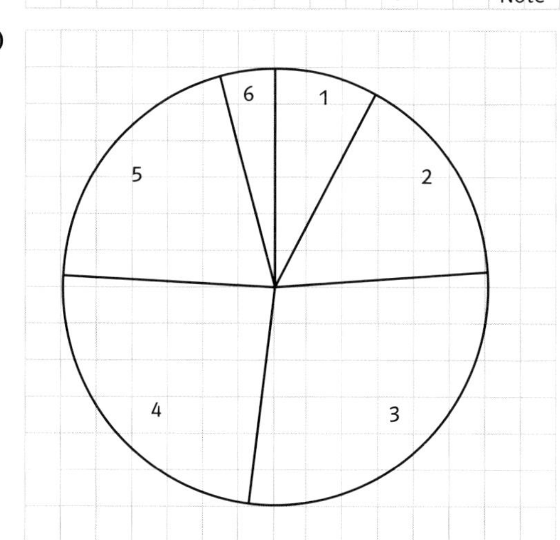

Prozentrechnung III (A) Seite 24

1

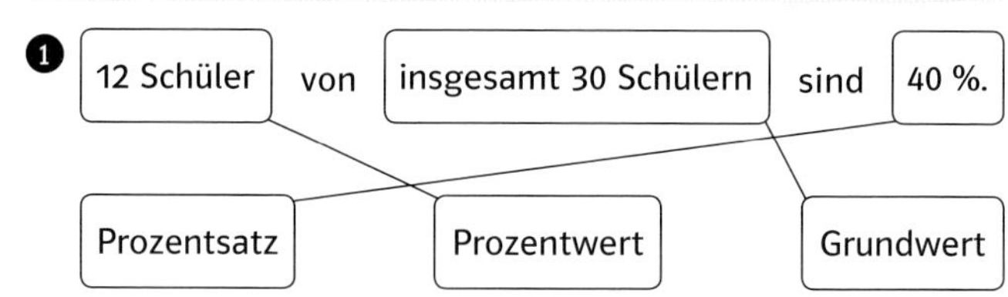

2

An Ostern werden 300 Eier gefärbt. 10 % der Eier werden gelb gefärbt.	G = 300 P = 30 p% = 10
Bei Autohaus Klee gibt es 25 rote Autos. Das sind 25 % von allen Autos, die das Autohaus hat.	G = 100 P = 25 p% = 25
Max hat 750 € gespart. Er gibt davon 150 € für ein neues Handy aus.	G = 750 P = 150 p% = 20

❸ **a)** 105 €; **b)** 18 g; **c)** 513 mal; **d)** 108 m²

❹ **a)** 325 €; **b)** 7 l; **c)** 300 Kinder; **d)** 1125 g

❺ **a)** 20 %; **b)** 2 %; **c)** 50 %; **d)** 75 %

❻

	a)	b)	c)
G	850 €	56 cm	124 €
P	51 €	42 cm	93 €
p%	6 %	75 %	75 %

Prozentrechnung III (B) — Seite 26

❶ Das Ganze ist der Grundwert und wird mit G abgekürzt.
Der Anteil am Ganzen heißt Prozentsatz und wird mit p% abgekürzt.
Die konkrete Größe des Teils nennt man Prozentwert und wird mit P abgekürzt.

❷ **a)** 390 €; **b)** 18,9 g; **c)** 576 m²

❸ **a)** 4 800 kg; **b)** 600 l; **c)** 3 315 €

❹ **a)** 25 %; **b)** 4 %; **c)** 80 %

❺

	a)	b)	c)	d)
G	740 €	65 cm	300 €	1575 m²
W	51,8 €	45,5 cm	75 €	519,75 m²
p%	7 %	70 %	25 %	33 %

	e)	f)	g)	h)
G	240 m	50 km	1740 €	8 kg
W	150 m	3,6 km	1131 €	700 g
p%	62,5 %	7,2 %	65 %	8,75 %

❻ **a)** Grundwert = 400; **b)** Prozentsatz = 30 %

Prozentrechnung IV (A) — Seite 27

❶ 122,50 €

❷ 4 500 kg

❸ 952 €

❹ 21 842,00 €

Prozentrechnung IV (B) — Seite 28

❶ 200 €

❷ **a)** 600 €; **b)** 30 %; **c)** 210 €, 35 %

❸ 54 000

❹ Die 14 600 € haben sich auf 16 279 € mit 11,50 % prozentual stärker erhöht.

Negative Zahlen (A) — Seite 29

❶ 5 °C, −1 °C, −1,5 °C, 26,5 °C

❷ **a)** **b)**

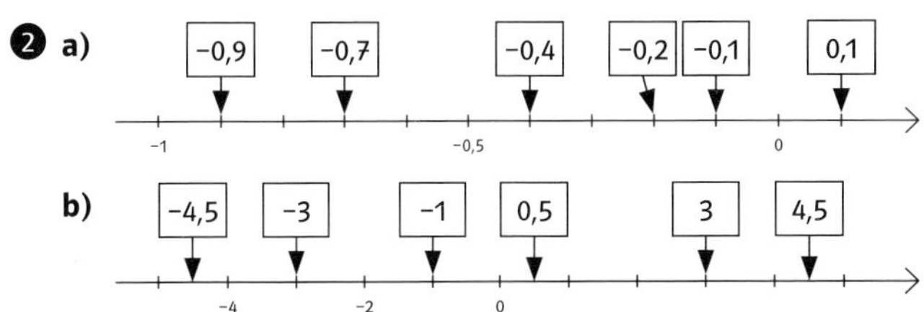

❸

Aufgabe	**Januar**	**Februar**	**März**	**April**	**Mai**
Kontostand	+900 €	+650 €	−30 €	−280 €	+130 €
	1	2	4	5	3

Januar – Februar = −250 €
Februar – März = −680 €
März – April = −250 €
April – Mai = 410 €

❹

3,5 ist größer als −2,7	**−1,4 ist größer als 0,3**	**−10,4 ist kleiner als −7,1**	**0 ist kleiner als −0,2**
☒ richtig	☐ richtig	☒ richtig	☐ richtig
☐ falsch	☒ falsch	☐ falsch	☒ falsch

❺ 3,2; 1,0; 0,9; 0,0; −1,0; −2,9; −12,1

Negative Zahlen (B) — Seite 31

❶ **a)** 5,5; 4,75; 3,6; 2,9; 2,1; 1,3; 0,25
b) −52; −48; −42,5; −39; −34; −31; −25
c) −1,1; −0,9; −0,75; −0,55; −0,3; 0

❷

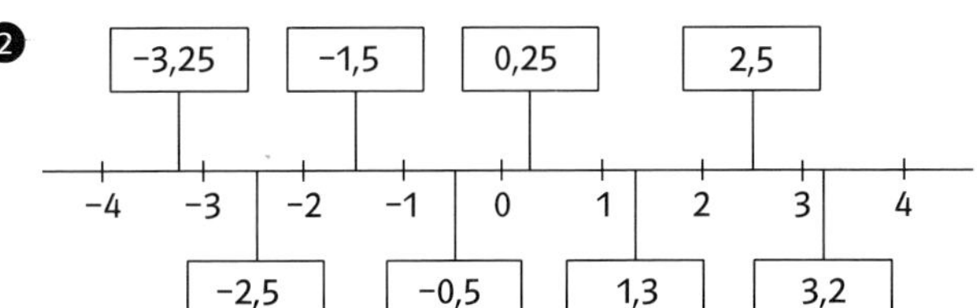

❸

Uhrzeit	01 Uhr	02 Uhr	04 Uhr	05 Uhr	06 Uhr	09 Uhr
Temperatur	−1,0	−1,5	−1,5	−2,2	−2,5	−1,0

Betrag und Gegenzahl (A) — Seite 32

❶

Zahl	−1	3,5	5,1	−17,8	9,9	−0,3	−459,25
Gegenzahl	1	−3,5	−5,1	17,8	−9,9	0,3	459,25

❷ **a)** −2,5 / 2,5; **b)** −1,5 / 1,5; **c)** −1,75 / 1,75; **d)** −8,5 / 8,5

❸ Jonas ist insgesamt 5 Meter gefahren.

❹ **a)** +; **b)** −; **c)** −; **d)** +

❺ **a)** 4,8 °C; **b)** 0 °C; **c)** 2,5 / 0,6; **d)** 3,6

Betrag und Gegenzahl (B) — Seite 33

1 **a)** falsch; **b)** wahr; **c)** wahr; **d)** wahr; **e)** falsch; **f)** wahr; **g)** falsch; **h)** falsch; **i)** wahr

2 **a)** −1,5; **b)** −2,7; **c)** 1

3 Richtig sind:
Der Abstand einer Zahl von 0 heißt Betrag dieser Zahl.
Eine Zahl und ihre dazugehörige Gegenzahl haben denselben Betrag.

4 **a)** <; **b)** =; **c)** =; **d)** >; **e)** <; **f)** <

5 −0,9; −0,15; 0; |−0,2|; 0,87; |−0,89|

Koordinatensystem (A) — Seite 34

1

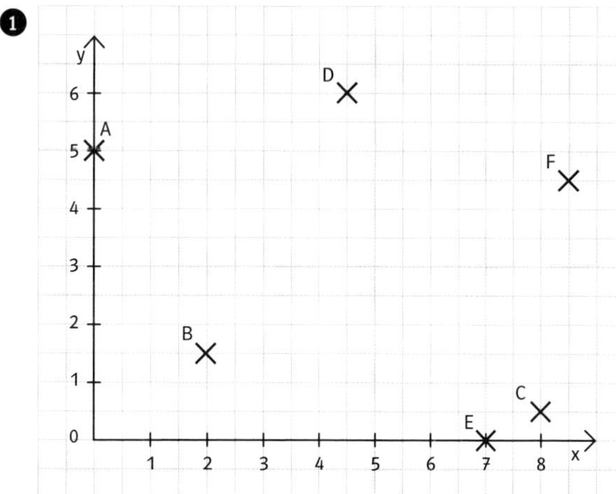

2 A (6|2); B (16|0); C (11|7); D (0|11); E (19|13); F (1|1)

3

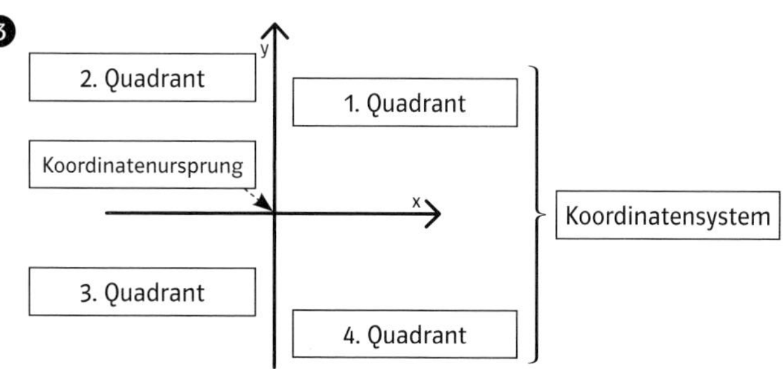

4

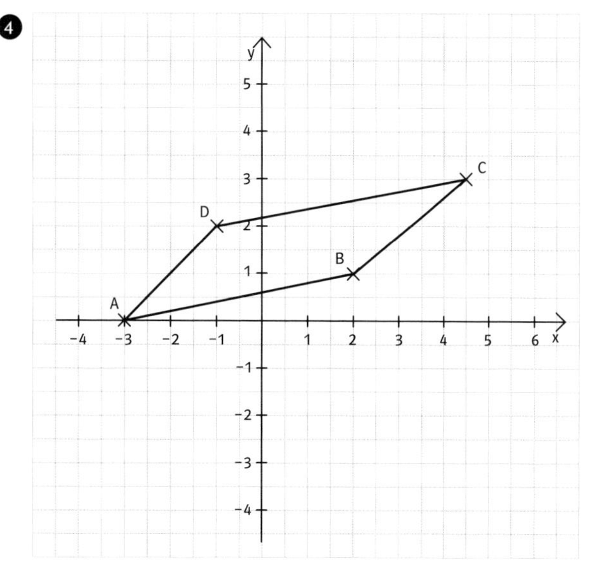

Koordinatensystem (B) — Seite 36

1

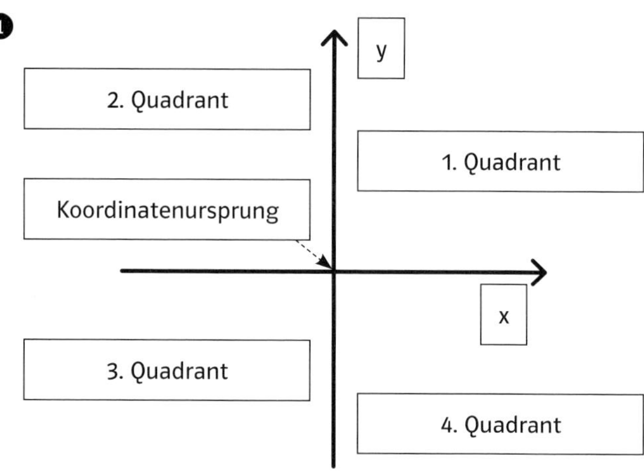

2 A (0|0); B (4|1); C (4|−0,5); D (0|−2,5); E (−3,5|0,5); F (0,5|4,5); G (1,5|1,5); H (−2|−3,5); I (2,5|−3,5)

3

Punkt	(1,4|−2)	(−0,1|4)	$\left(-3\middle|-\frac{1}{2}\right)$	$\left(\frac{7}{10}\middle|\frac{2}{3}\right)$
1. Quadrat				X
2. Quadrat		X		
3. Quadrat			X	
4. Quadrat	X			

Punkt	$\left(\frac{1}{4}\middle|\frac{1}{3}\right)$	$\left(-\frac{1}{4}\middle|3\right)$	$\left(-\frac{1}{2}\middle|\frac{1}{2}\right)$
1. Quadrat	X		
2. Quadrat		X	X
3. Quadrat			
4. Quadrat			

4

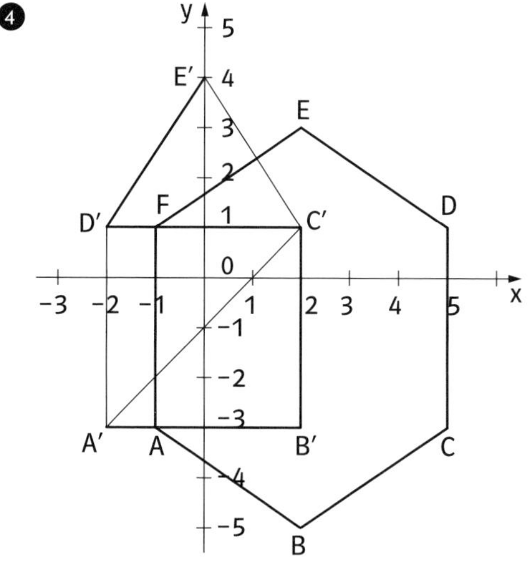

Addition und Subtraktion rationaler Zahlen (A) — Seite 38

1 **a)** 10; 9; 9,9
b) −4; 0; $-\frac{1}{2}$
c) 2; 1,5; $-\frac{1}{2}$

2 **a)** 60; 80
b) 36; −4
c) 23; 0

❸ a)

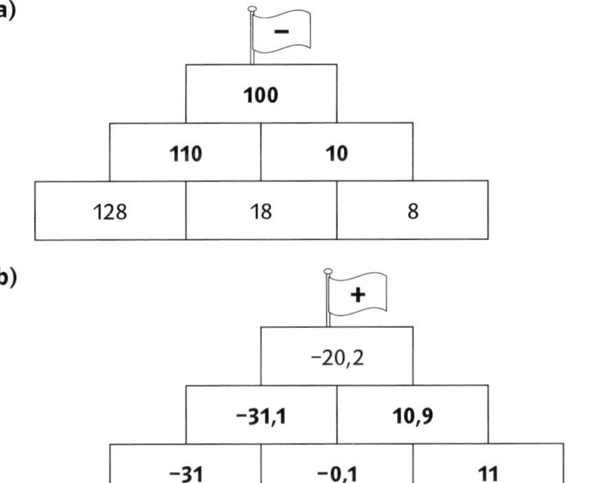

Addition und Subtraktion rationaler Zahlen (B) Seite 39

❶ a) 8; 7; 13,3; 6,5
b) −3; −14; −10,7; −5,5
c) 36; 28; −15,6; −1

❷ 15 Minuten

❸ a) >; b) <; c) >; d) =

Multiplikation und Division rationaler Zahlen (A) Seite 40

❶ a) 14; −11,4
b) −3; 3

❷ a) 5 • (+7)
b) 4 • (−9)
c) $3 \cdot \frac{1}{3}$

❸ a) 8; b) 4

❹

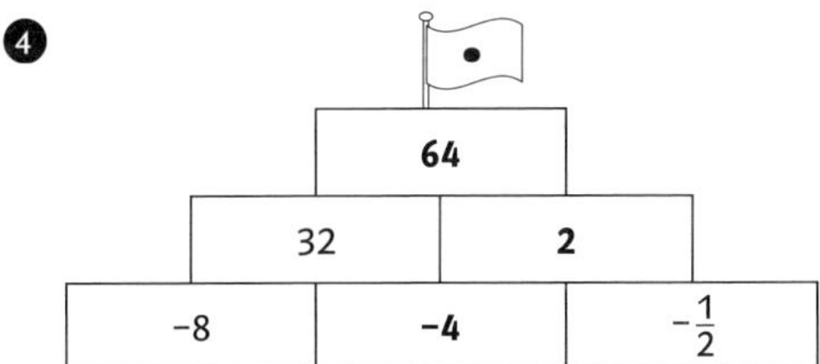

❺ a) −4; 9
b) −18; −12

❻ a) −9; b) 100

Multiplikation und Division rationaler Zahlen (B) Seite 41

❶ a) −21; b) 10; c) −3,5; d) 2; e) −9; f) $-\frac{2}{3}$; g) 4;
h) $\frac{1}{100}$; i) 12

❷ a) 94; b) 48; c) 20,3; d) −6; e) −0,52; f) −12

❸ a) x = −2
b) x = −2,5
c) x = −32

❹

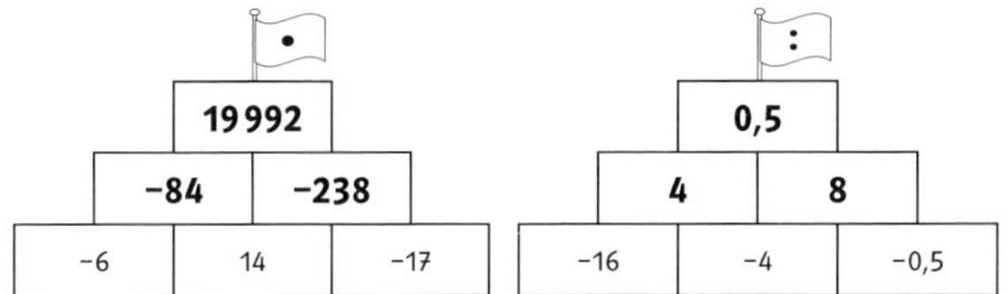

Winkelberechnungen am Dreieck (A) Seite 42

❶

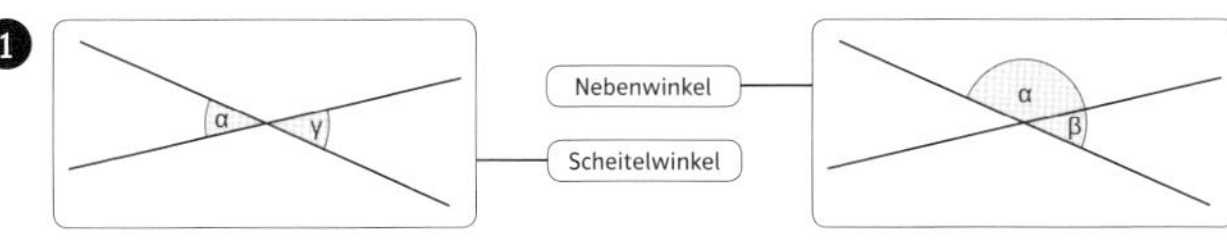

❷ a) Wechselwinkel b) Stufenwinkel

❸ α = 80°; β = 100°; γ = 80°; δ = 80°

❹ In jedem Dreieck beträgt die Summe aller Innenwinkel immer 180°.

❺ α = 30°; β = 82°

Winkelberechnungen am Dreieck (B) Seite 44

❶ Im Parallelogramm ergänzen sich Nebenwinkel zu 180° (α + β = 180°, γ + δ = 180°); gegenüberliegende Winkel sind gleich groß (α = γ, β = δ).

❷

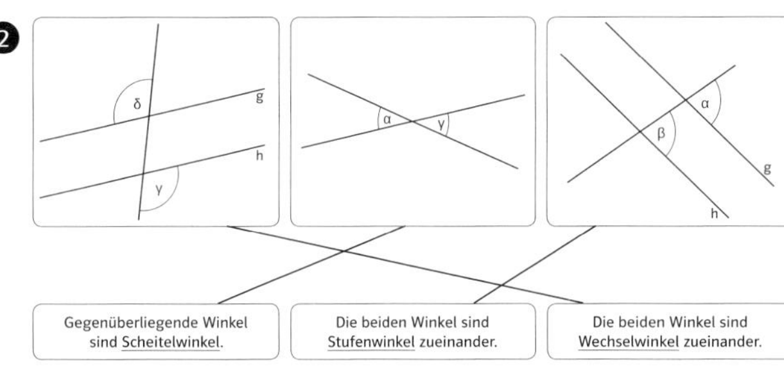

❸ a) α = 80°, β = 70°, γ = 80°, δ = 30°
b) $\alpha_1 = \alpha_3 = \alpha_5 = \alpha_7 = 45°$, $\alpha_2 = \alpha_4 = \alpha_6 = 135°$

❹ a) α = 50°
b) α = 30°, β = 30°, γ = 50°

❺ a) β = 95°
b) α = 57°; β = 90°
c) α = 45°; β = 45°
d) α = 30°; γ = 60°

Klassifizierung von Dreiecksformen (A) Seite 46

❶

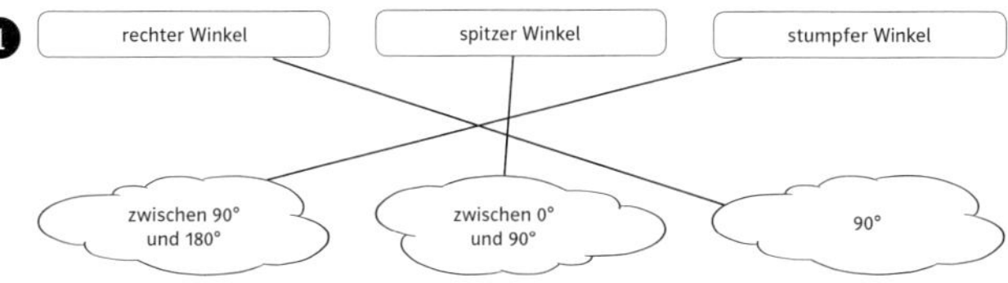

❷ stumpfwinklig, rechtwinklig, spitzwinklig

❸ falsch, wahr, wahr, falsch

❹

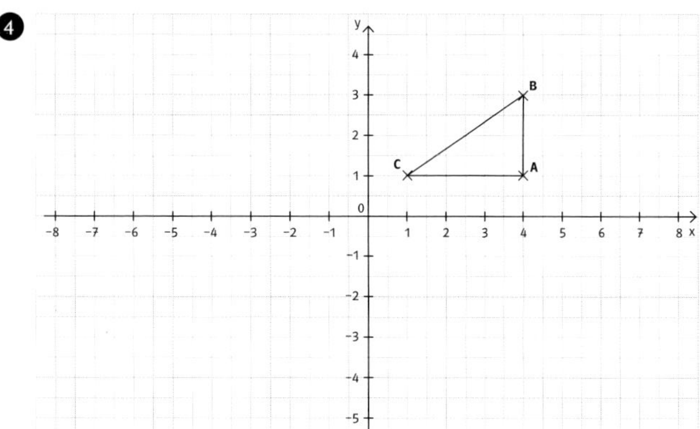

Rechtwinkliges Dreieck

Klassifizierung von Dreiecksformen (B) Seite 48

❶ **a)** stumpf; **b)** spitz

❷ **a)** rechtwinklig; **b)** stumpfwinklig; **c)** spitzwinklig

❸

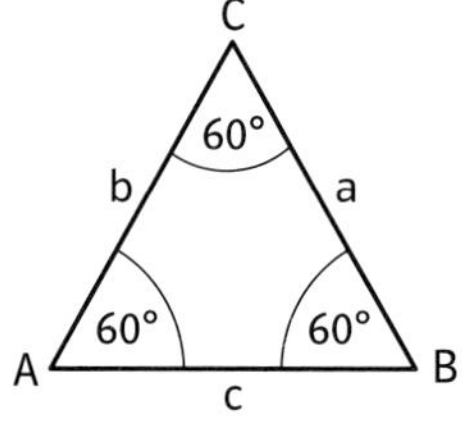

❹

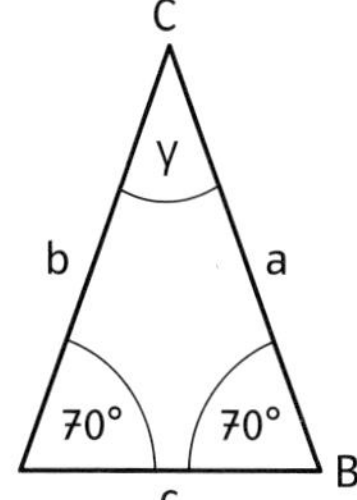

Konstruktionen von Dreiecken I (A) Seite 49

❶ **a)** A (0,5|0,5); B (4,5|1,5); C (6|4,5)

b) A (−5|2); B (7|1); C (0|5)

❷ **a)**

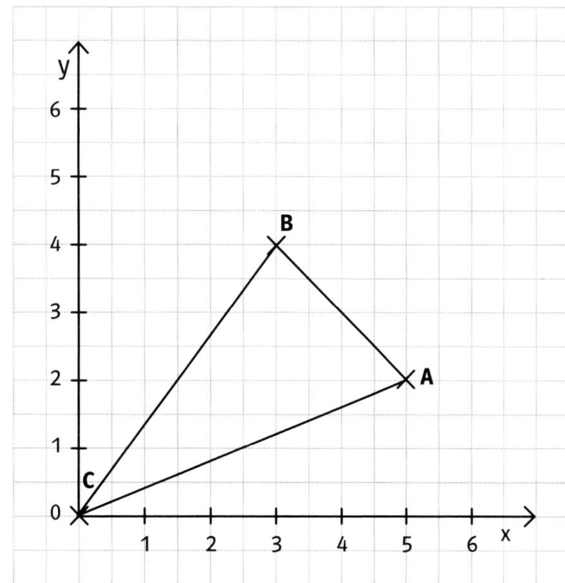

b)

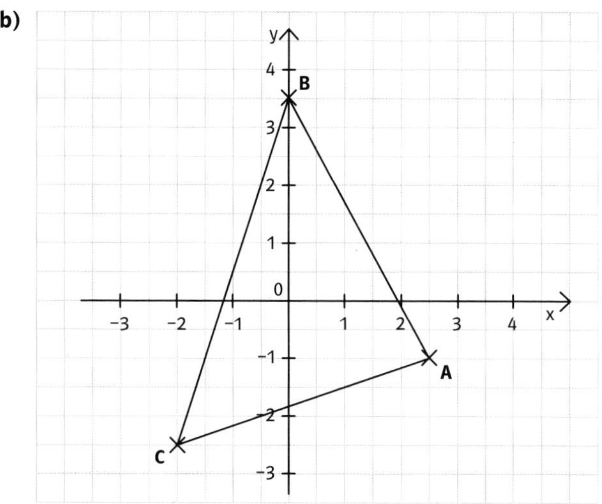

Konstruktionen von Dreiecken I (B) Seite 50

❶ A (−0,5|4,5); B (4,5|−0,5); C (8,5|4,5); D (−3,5|0); E (4,5|−2); F (0,5|2,5); G (−5,5|4); H (−3|1,5); I (3,5|2,5)

❷

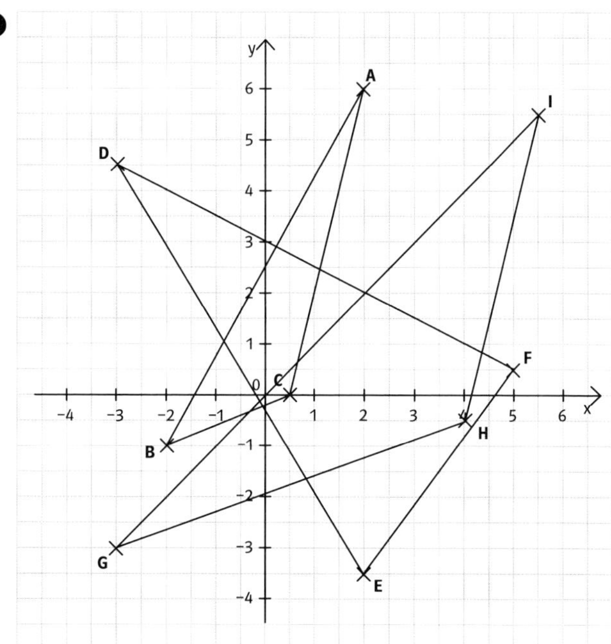

Konstruktionen von Dreiecken II (A) Seite 51

❹ Die Leiter ist 6,69 m lang.

❺ weder In- noch Umkreis; Inkreis; weder In- noch Umkreis; Umkreis

Konstruktionen von Dreiecken II (B) Seite 52

4 **a)**

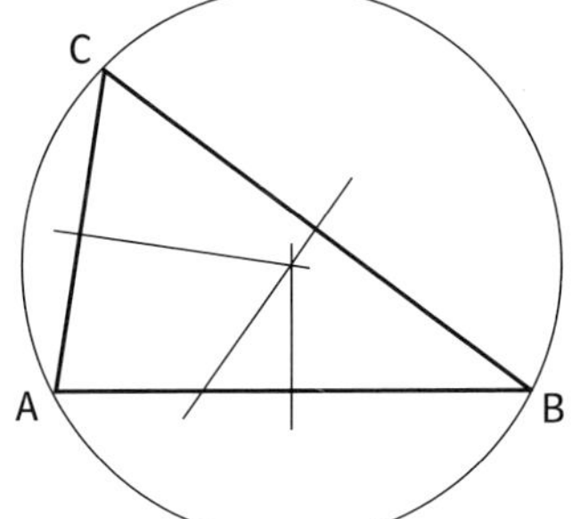

b)

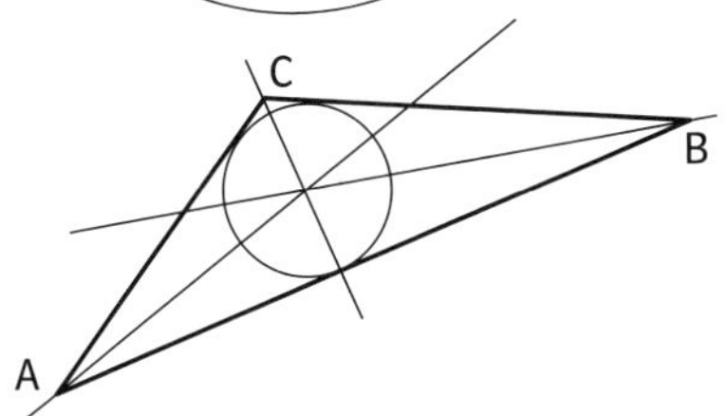

5

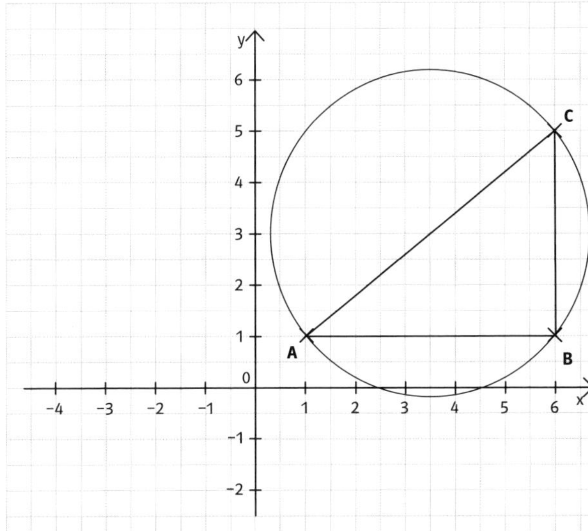

6

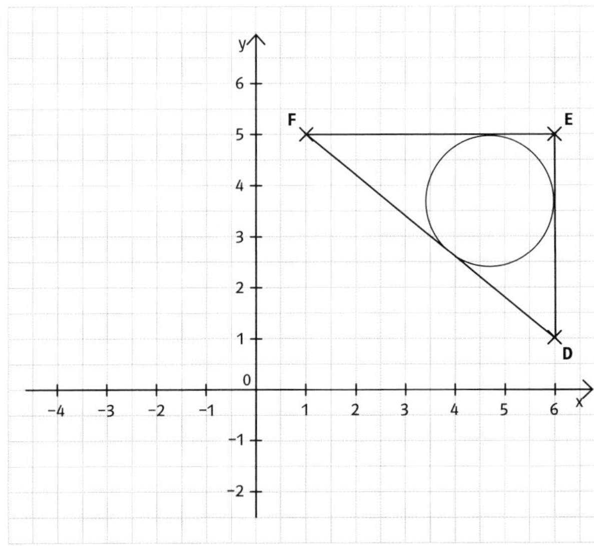

Umfang und Flächeninhalt I (A) Seite 53

1

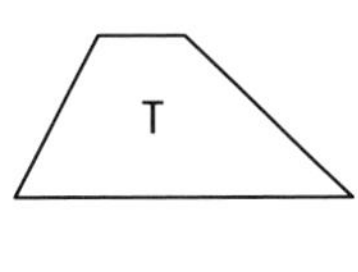

P, T

P, T

2 a = 3 cm; b = 1,5 cm; U = 9 cm

3 U = 44 mm; A = 105 mm²
U = 82 dm; A = 336 dm²

4 U = 148 m

Umfang und Flächeninhalt I (B) Seite 54

1 Jedes Rechteck ist auch ein Parallelogramm.
Jedes Parallelogramm ist auch ein Trapez.
Jedes Quadrat ist auch ein Rechteck.

2 a = 3,2 cm; b = 4,1 cm; U = 14,6 cm; A = 13,12 cm²

3 U = 16,8 cm; A = 13,92 cm²
U = 344 m; A = 4 761 m²
U = 45,5 m; A = 117,15 m²

4 **a)** Das gesamte Grundstück kostet 106 400 €.
b) Der Zaun kostet 4 140 €.

Umfang und Flächeninhalt II (A) Seite 55

1 U = 526 m; A = 14 960 m²
U = 14,6 cm; A = 12,3 cm²

2 **a)** U = 16,2 cm; A = 16,1 cm²
b) A = 11 564 cm ²

3 Wohnzimmer: 18,36 m²
Küche: 9,6 m²
Bad: 5,7 m²

4 2 450 m

Umfang und Flächeninhalt II (B) Seite 56

1 U = 23,2 cm; A = 28,35 cm²
U = 381 cm; A = 7 176 cm²

2 Die Farbe für das Streichen der Hauswand kostet 330,30 €.

3 h = 3,45 m

4 A = 75,525 m²

5 **a)** A = 805 m²
b) 5 635 €

Aufstellen und Berechnen von Termen I (A) Seite 57

1

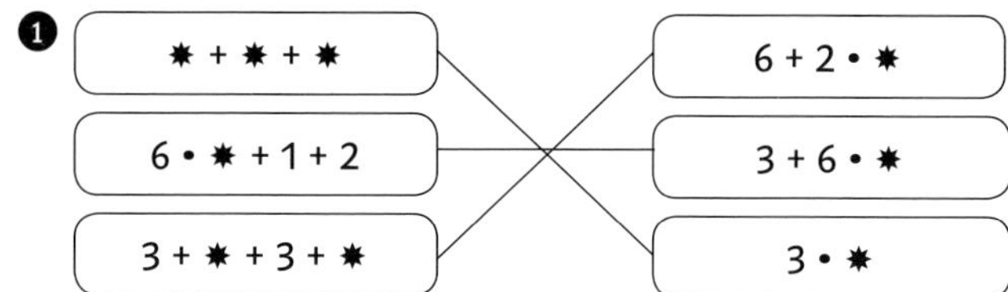

2 **a)** 5x; **b)** 6 + 3y; **c)** 7 + 10a

3 **a)** 27; **b)** 49

4 **a)** 18; **b)** 24; **c)** 2

5 U = 5x = 5 • 7 cm = 35 cm

Aufstellen und Berechnen von Termen I (B) Seite 58

1 **a)** 5x + 9; **b)** 5y + 14; **c)** 5a + 2; **d)** w + 3; **e)** 6x; **f)** 25x

2 **a)** x = 19; **b)** c = 12; **c)** x = 2

3 **a)** U = 2 • (a + b); **b)** b = 11,25

4 **a)**

x	y	(x + 4) + y	=
1	2	(1 + 4) + 2	7
5	1	(5 + 4) + 1	10
15,5	3,5	(15,5 + 4) + 3,5	23

b)

a	b	3 • a + 7 • b =	2,5 • a – b • 0,75 =	(a • b) + a =	2,5 • b – a =
3	2	23	6	9	2

Aufstellen und Berechnen von Termen II (A) Seite 59

1 **a)** 18a + 116; **b)** 3r + 4; **c)** 5x + 8y;
d) 0,4e + 0,5f; **e)** 67z + 21y

2 **a)** 26x; **b)** 10xz; **c)** 3xy; **d)** 40ab

3 **a)** 6x; **b)** 37y; **c)** –33a; **d)** –4x

4 **a)** a = 4; **b)** x = 4; **c)** n = 1

5 Summe aller Kanten eines Würfels = 12k → k = 5 cm

Aufstellen und Berechnen von Termen II (B) Seite 60

1 **a)** x = 16; **b)** z = 119; **c)** x = 5; **d)** y = 12; **e)** x = –30;
f) x = 40; **g)** a = 2; **h)** x = 17; **i)** m = 20; **j)** y = 8,8

2 **a)** x = 1; **b)** a = 2; **c)** m = 4; **d)** x = 7; **e)** $y = \frac{7}{3}$; **f)** a = 8

3 **a)** 5x, 4y; **b)** –2a, 17b; **c)** (–8); **d)** (–11); **e)** $\frac{1}{2}a$

4 P = x • 65 + 0,75 • y → 415 €

5 **a)** 4x + 12 = 72 → x = 15
b) 6x – 19 = 2x +21 → x = 10

Terme und Gleichungen mit Klammern I (A) Seite 61

1 **a)** 7; **b)** –a – 5; **c)** 8a; **d)** –3b; **e)** 0; **f)** 19x

2 **a)** x = 12; **b)** 6 = x; **c)** x = 8,5

3 **a)** 2; –18; $4\frac{2}{3}$
b) 14; –21; $\frac{7}{3}$

4 x • 127 = 14 097 → x = 111

5 U = 47 cm

6 **a)**

x – 2	> 3	|	+ 2
x	> 5		

b)

3x + 5,5	< x – 4,5	|	– 5,5
3x	< x – 10	|	– x
2 x	< – 10	|	: 2
x	< – 5		

Terme und Gleichungen mit Klammern I (B) Seite 62

1 **a)** –6,5x + 1,5y
b) $48a^3$
c) –0,5n
d) –10j
e) $3x^2 y$
f) 3 – 6w

2 **a)** x = –1 → IL= (–1)
b) x = –3 → IL= (–3)

3 **a)** 0; 0; $-5\frac{5}{9}$
b) –112; –92; $13\frac{5}{27}$

4 x2 – 3x + 2x – 6 = x2 – x – 6
x2 – x – 6 = x2 – x – 6
Die beiden Terme sind äquivalent.

5 **a)** 2y – 14 = 11 → x = 12,5
b) (x + 3) · 5 = 102 → x = 17,4

6 2 · (2a) + a = 105,5
5a = 105,5
a = 21,1

7 **a)** x > 5; **b)** x > –13

Terme und Gleichungen mit Klammern II (A) Seite 63

1 **a)** x + 1; **b)** 5,5 – u; **c)** a – 2b – 3; **d)** 5x – y – 8

2 **a)** x = 5; **b)** x = –1

3 **a)** xy + 2x + 3y + 6; **b)** xy – 3x + 2y – 6; **c)** 4a + 2b

4 (x + 2) • 5 = 25 → x = 3

5 A = (x + 6) • (x – 2)

Terme und Gleichungen mit Klammern II (B) Seite 64

1 **a)** 10,5y + 15
b) –a – 1,5b + 6
c) 15x – 16xy
d) –10a + 6ab – 36b

2 **a)** x = 100
b) a = –3

3 **a)** $30x^2 - 5x - 10$
b) $-22a^2 + 2ab - 33a + 3b$
c) $-10u^2 + 27uv - 14v^2$

❹ **a)** $(2x + 3) \cdot 0{,}5 = 3x \rightarrow x = 1{,}5$
b) $(x - 4) \cdot (x + 7) = x^2 + 2 \rightarrow x = 10$

❺ **a)** $U = (x + 7) + (x + 2) + (x + 2) \rightarrow U = 3x + 11$
b) $A = \frac{1}{2}(x + 7) \cdot (x - 3)$

Binomische Formeln I (A) — Seite 65

❶
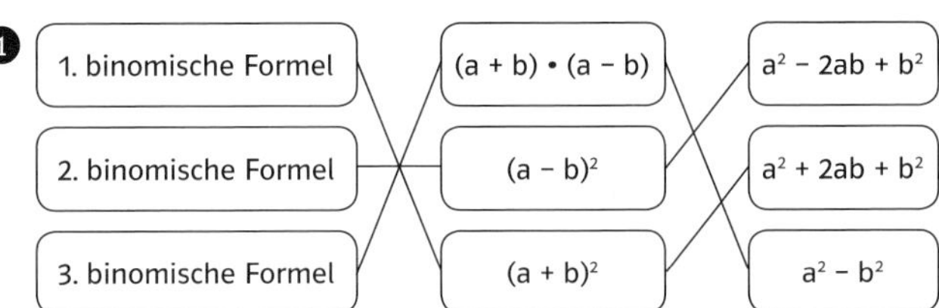

❷ **a)** $r^2 - 2rs + s^2$
b) $u^2 + 2uv + v^2$
c) $m^2 - b^2$

❸ **a)** $a^2 + 12a + 36$
b) $9 + 6p + p^2$
c) $4x^2 + 16x + 16$

❹ **a)** $y^2 - 10y + 25$
b) $49 - 14j + j^2$
c) $16x^2 - 16x + 4$

❺ **a)** $1 - b^2$
b) $16u^2 - 121$
c) $81x^2 - y^2$

Binomische Formeln I (B) — Seite 66

❶ 1. binomische Formel – $(a + b)^2$ – $a^2 + 2ab + b^2$
2. binomische Formel – $(a - b)^2$ – $a^2 - 2ab + b^2$
3. binomische Formel – $a^2 - b^2$ – $a^2 - b^2$

❷ **a)** $9x^2 + 12x + 4$
b) $16a^2 + 88a + 121$
c) $81 + 9y + 0{,}25y^2$
d) $\frac{9}{25}x^2 + \frac{6}{5}xy + y^2$

❸ **a)** $49u^2 - 42u + 9$
b) $64x^2 - 32xy + 4y^2$
c) $144 - 6a + \frac{1}{16}a^2$
d) $\frac{1}{9}x^2 - \frac{2}{3}xy + y^2$

❹ **a)** $9p^2 - 64$
b) $169u^2 - v^2$
c) $\frac{1}{4}a^2 - \frac{1}{4}b^2$
d) $\frac{1}{16}x^2 - y^2$

❺ **a)** $x = 2$; **b)** $1 = x$

Binomische Formeln II (A) — Seite 67

❶ **a)** $y^2 + 6y + 9$
b) $y^2 - 8y + 16$
c) $y^2 - 64$

❷ **a)** $x^2 - 2xy + y^2$
b) $x^2 + 2xy + y^2$
c) $x^2 - y^2$

❸ **a)** +3; **b)** −8; **c)** +5; **d)** −0,5

❹ 6g; –

❺ Alle Aufgaben sind falsch.

Binomische Formeln II (B) — Seite 68

❶ **a)** $x^2 + 2x + 1$
b) $y^2 - y + \frac{1}{4}$
c) $9s^2 - 16$

❷ $(a + b)^2 = a^2 + b^2 + 2ab$

❸ $(a - b)^2 = a^2 - b^2$
$= 2(a - b) \cdot b$
$= a^2 - b^2 - 2ab + 2b^2$
$= a^2 - 2ab + b^2$

❹ **a)** $x = \frac{1}{3}$
b) $x = 9$
c) $x = 9\frac{3}{4}$
d) $x = 11\frac{3}{4}$

❺ **a)** 12uq; 6u
b) 18 ev; e; 9v

Funktionen als eindeutige Zuordnungen (A) — Seite 70

❶ Gewicht → Person = keine Funktion:
Einer Gewichtsgröße können mehrere Personen zugeordnet werden.

Person → Gewicht = Funktion:
Einer Person kann nur genau ein Gewicht zugeordnet werden.

❷
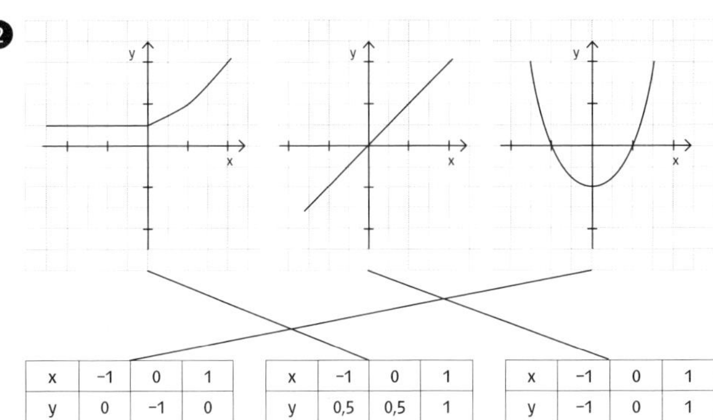

x	−1	0	1
y	0	−1	0

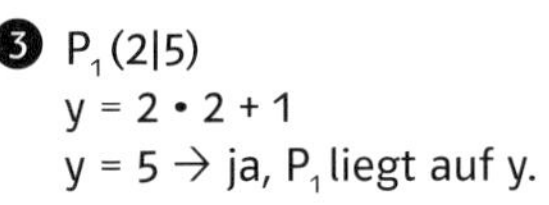

x	−1	0	1
y	0,5	0,5	1

x	−1	0	1
y	−1	0	1

❸ $P_1(2|5)$
$y = 2 \cdot 2 + 1$
$y = 5 \rightarrow$ ja, P_1 liegt auf y.

$P_2(0|2)$
$y = 2 \cdot 0 + 1$
$y = 1 \rightarrow$ nein, P_2 liegt nicht auf y.

$P_3\left(\frac{1}{2}\middle|2\right)$
$y = 2 \cdot \frac{1}{2} + 1$
$y = 2 \rightarrow$ ja, P_3 liegt auf y.

❹ **a)** 0; **b)** −8; **c)** $-\frac{1}{2}$

❺ falsch, richtig, falsch, richtig, falsch

Funktionen als eindeutige Zuordnungen (B) — Seite 72

1 Bei einer eindeutigen Zuordnung, wird jeder Ausgangsgröße genau ein Wert zugeordnet.

2 Anzahl Donuts → Preis = eindeutige Zuordnung

3 **a)** keine Funktion
b) Funktion
c) keine Funktion
d) Funktion

4 P_1 ja; P_2 nein; P_3 nein; P_4 nein; P_5 ja

5 **a)** −13; **b)** 2; **c)** 3; **d)** $\frac{2}{3}$

6 **a)** $\frac{65}{500}x = y$
b) 350 g = 45,50 €; 80 g = 10,40 €; 9350 g = 1215,50 €

Lineare Funktionen I (A) — Seite 74

1 **a)** −19; −15; −5; −3; 3; 5
b) 4,6; 4,2; 3,2; 3; 2,4; 2,2

2 **a)**

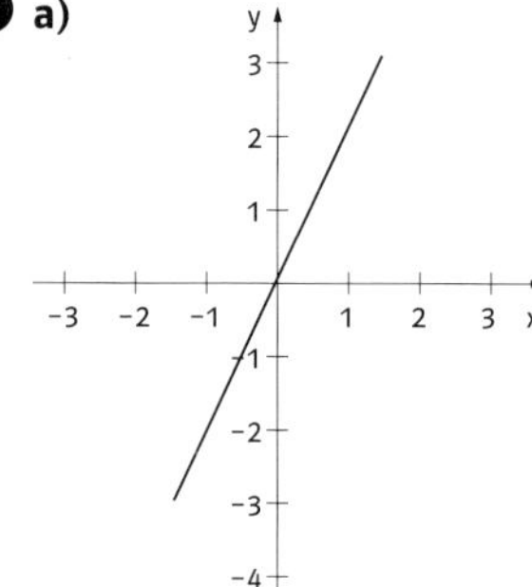

b)

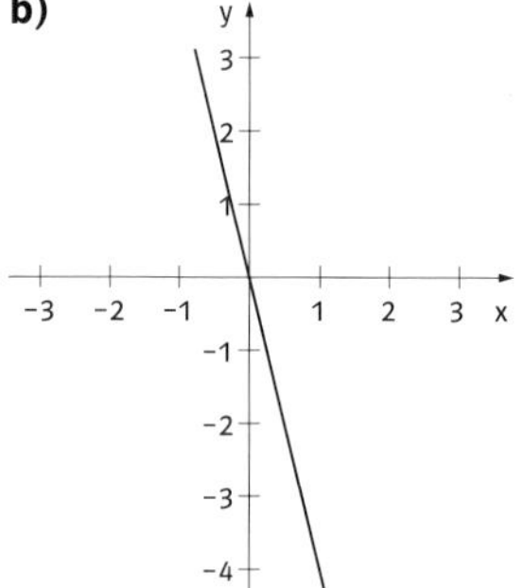

3 **a)** y = 0,20 € • x
b) y = 1 € • x + 10 €

4

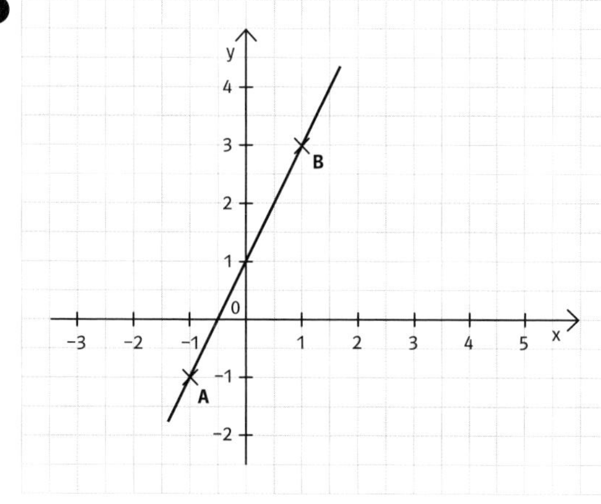

y = 2x + 1

Lineare Funktionen I (B) — Seite 76

1 **a)** −9; −3; −2; 3; 4; 5; 7; 9; 11
b) 2,8; 2,6; 2,4; 2; 1,9; 1,8

2

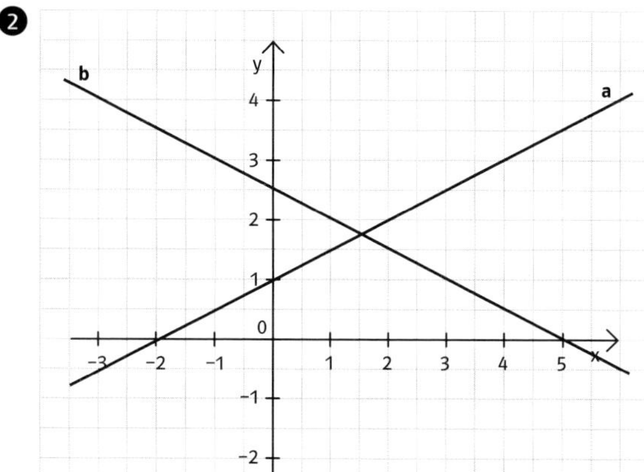

3 **a)** y = 0,02 • x + 24,75
b) 27,75 €; 29,55 €; 32,75 €

4 **a)** y = 4x − 4 **b)** y = x +1 **c)** $y = \frac{1}{3}x + \frac{2}{3}$

Lineare Funktionen II (A) — Seite 77

1

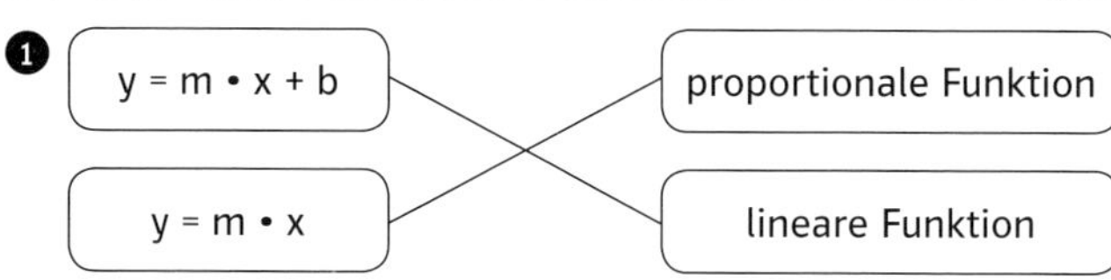

2 **a)** m = 1; **b)** m = 2; **c)** m = −2

3 **a)** b = −3; **b)** b = + 1

4 y = −1,5 → i
y = 2x → h
$y = -\frac{1}{2}x + 3$ → g
y = 3x − 3 → j

Lineare Funktionen II (B) — Seite 78

1 $m = y2 - \frac{y1}{x2} - x2$

2 y = 2x + 6; $y = -\frac{3}{2}x + 1$

3 **a)** y = 3x + 2 **b)** y = −2x − 1 **c)** $y = -\frac{1}{2}x + \frac{1}{2}$

Vierecke I (A) — Seite 79

1 **a)** α = 64°; β = 90°; γ = 66°; δ = 140 °
b) 360°
c) In einem Viereck sind die vier Innenwinkel insgesamt 360° groß. Es gilt also: α + β + γ + δ = 360°

2 **a)** δ = 143° **b)** α = 144° **c)** β = 92°

❸ **a)** falsch; **b)** richtig; **c)** falsch; **d)** richtig

❹

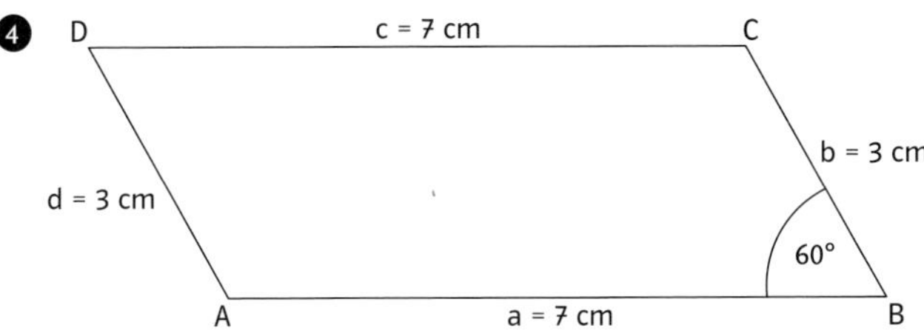

Vierecke I (B) — Seite 81

❶ In jedem Viereck sind die vier Innenwinkel zusammen 360° groß. Es gilt also: $\alpha + \beta + \gamma + \delta = 360°$

❷ $\beta = 118°$; $\alpha = 131°$, $\beta = 46°$; $\gamma = 57°$, $\alpha = 123°$, $\beta = 123°$

❸ **a)** Die Seiten a und c bzw. b und d sind gleich lang.

b) a || c und b || d.

c) S ist der Schnittpunkt der beiden Diagonalen e und f.

d) Gegenüberliegende Winkel sind gleich groß, das heißt $\alpha = \gamma$ und $\beta = \delta$.

❹ **a)**

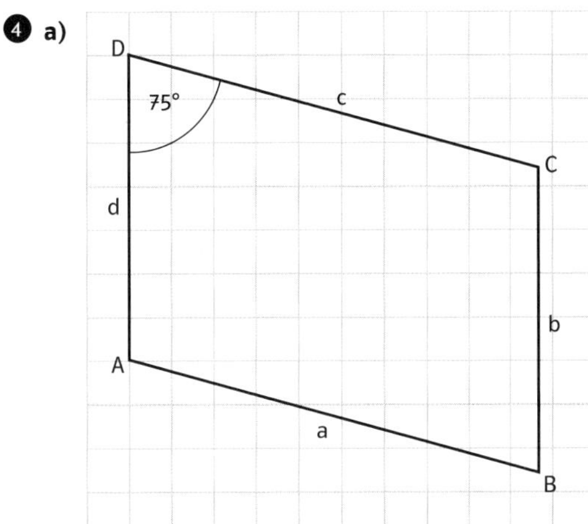

b)

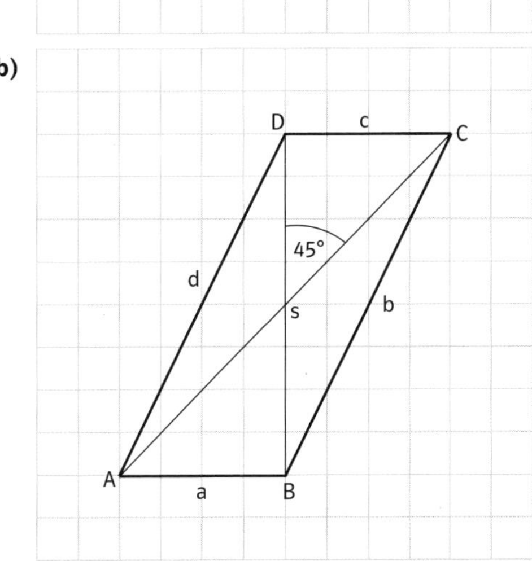

Vierecke II (A) — Seite 84

❶ Eine Raute ist ein Viereck mit vier gleich langen Seiten.
Die gegenüberliegenden Winkel sind gleich groß.
Die gegenüberliegenden Seiten sind parallel zueinander.
Die Diagonalen stehen senkrecht aufeinander.

❷ richtig, falsch, falsch, richtig

❸ U = 13 cm; A = 10 cm²

❹ U = 8,4 cm; A = 3,75 cm²

Vierecke II (B) — Seite 85

❶ Quadrat; U = 4 a; A = a²
Parallelogramm; U = 2 (a + b); A = a • h_a
Rechteck; U = 2 (a + b); A = a • b
Raute; U = 4 a; A = a • h_a

❷ **a)** $\beta = 117°$; $\gamma = 63°$; $\delta = 117°$

b) $\alpha = 83{,}2°$; $\beta = 96{,}8°$; $\gamma = 83{,}2°$

❸

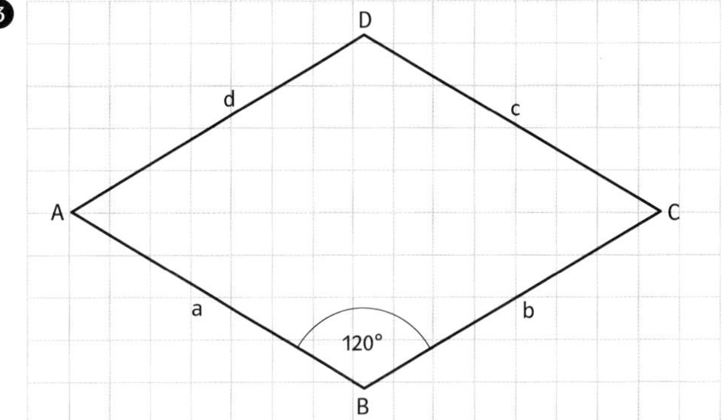

❹

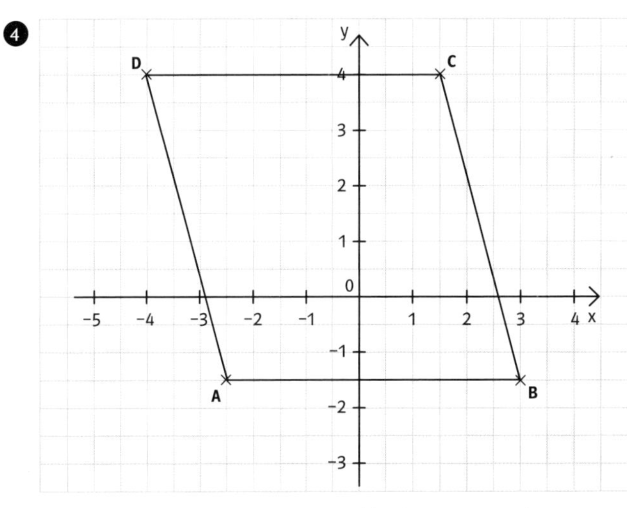

a) U = 22,4 cm **b)** A = 30,25 cm²

Vierecke III (A) — Seite 87

❶ Trapez, Drachenviereck, Drachenviereck, Trapez, Trapez

❷

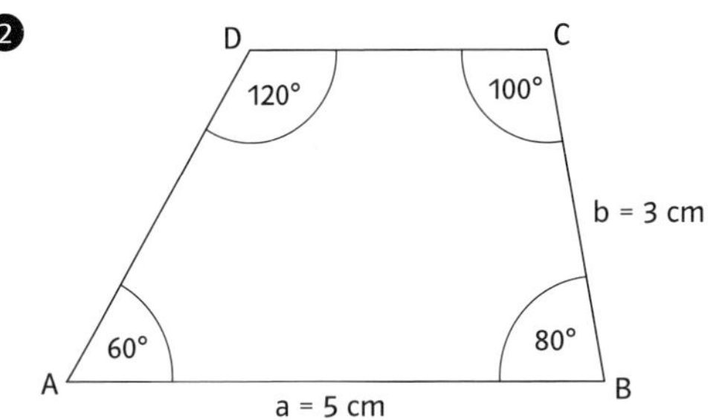

❸ **a)** U = 22 cm
b) A = 21 cm²

❹ **a)** β = 50°; γ = 120°
b) γ = 131°; δ = 35°

Vierecke III (B) Seite 89

❶ **a)** richtig; **b)** falsch; **c)** richtig; **d)** falsch; **e)** richtig

❷

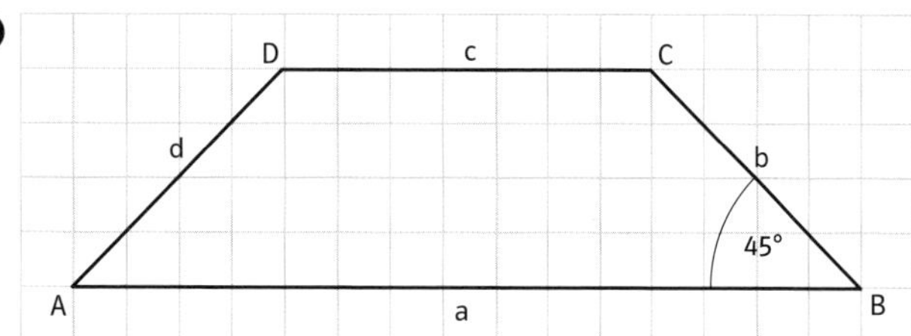

❸ A = 11,7 dm²

❹

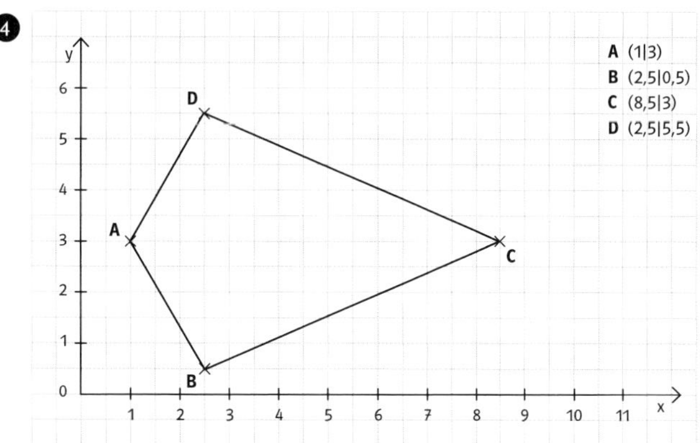

a) Drachenviereck
b) U ~ 14,6 cm
c) e = 5 cm; f = 7,5 cm; A = 18,75 cm²

Prozentrechnung (A) Seite 90

❶ **a)** Zunahmefaktor:

Erhöhung um ...	7 %	13,5 %	1 %	78,9 %
Zunahmefaktor	1,07	1,135	1,01	1,789

b) Abnahmefaktor:

Verminderung um ...	12 %	46,5 %	0,9 %	89,3 %
Abnahmefaktor	0,88	0,535	0,991	0,107

❷ Der reduzierte Preis beträgt 36,96 €.

❸ Der aktuelle Preis beträgt 401,25 €.

❹ **a)**

Alter Preis	125 €	200 €	70 €	30 €
Erhöhung	10%	25 %	20 %	5%
Zunahmefaktor	1,10	1,25	1,20	1,05
Neuer Preis	137,50 €	250 €	84 €	31,50 €

b)

Alter Preis	270 €	125 €	400 €	99 €
Reduzierung	10 %	20%	50 %	2%

Prozentrechnung (B) Seite 92

❶ **a)** 1,06; **b)** 0,87; **c)** 21,5 %; **d)** 33,7 %

❷ 29,75 €; 76,16 €; 1172,15 €

❸ 100,62 €; 741,39 €

❹ 80 €; 50 €

❺ (I)
100 • (1 – 0,3)
= 100 • 0,7
= 70 €

(II)
70 € • (1 – 0,2)
= 70 € • 0,8
= 56 €

Jacqueline hat nicht recht, denn die Schuhe kosten 56 €.

Zinsrechnung I (A) Seite 94

❶

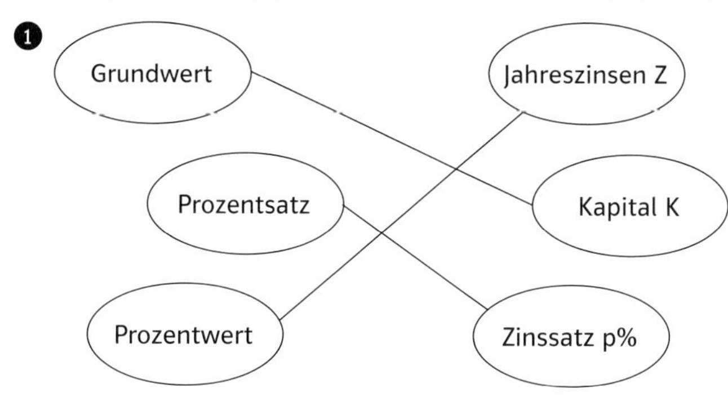

❷ K • p% = Z

❸ 9,00 €

❹ 3 %

❺ Kapital am Jahresanfang: 2700 €
Kapital zum Jahresende: 2754 €

Zinsrechnung I (B) Seite 95

❶ Multipliziert man das Kapital mit dem Zinssatz, so erhält man die Jahreszinsen.

❷ K • p% = Z – richtig
Z • p% = K – falsch
$\frac{Z}{p\%}$ = K – richtig
$\frac{p\%}{Z}$ = K – falsch
$\frac{Z}{K}$ = p% – richtig
K • Z = p% – falsch

❸

Jahresanfangs-kapital	2500 €	4750 €	12384 €	999 €
Jahresendkapital	2575 €	4963,75 €	12507,84 €	1028,97 €
Jahreszinsen	75 €	213,75 €	123,84 €	29,97 €
Zinssatz	3 %	4,5 %	1 %	3 %

❹ M → 1,5 %
A → 1,7 %
Antwort: Ich würde mein Geld bei Alexanders Bank anlegen, da der Zinssatz dort höher ist.

Zinsrechnung II (A) — Seite 97

❶ **a)** Ein Jahr besteht aus **360** Tagen.
b) Für einen Zinstag gilt: $\frac{\mathbf{1}}{\mathbf{360}}$.
c) Ein Jahr besteht aus **12** Monaten.
d) Jeder Monat hat **30** Tage.

❷ **a)** 25 €
b) 31,25 €
c) 1,25 €
d) 180 €

❸ **a)** 2 060 €
b) 2 121,80 €

❹ **a)** 5 100,50 €
b) 13 891,50 €

Zinsrechnung II (B) — Seite 98

❶ Z = Jahreszins; K = Kapital; p% = Zinssatz; t = Zeitspanne

❷ 1 Jahr → 12 Monate → 360 Tage
1 Monat → 30 Tage

❸ 190 Tage = $\frac{1}{2}$ Jahr → falsch
2 Monate = 62 Tage → falsch
1 Tag = $\frac{1}{360}$ Jahr → richtig
$\frac{3}{4}$ Jahr = 270 Tage → richtig

❹ **a)** 6,40 €
b) 8,10 €
c) 18 €

❺ **a)** 105 Tage
b) 58,625 €

❻ **a)** 11 576,25 €
b) 7 712,82 €
c) 109 867,92 €

❼ Nach 18 Jahren hat sich das Startkapital von 500 € bei einem Zinssatz von 4 % verdoppelt.

Wahrscheinlichkeitsrechnung I (A) — Seite 100

❶ **a)** 7 Schülerinnen und Schüler haben einen Hund.
3 Schülerinnen und Schüler haben eine Katze.
5 Schülerinnen und Schüler haben einen Hamster.
2 Schülerinnen und Schüler haben ein Pferd.
12 Schülerinnen und Schüler haben keine Tiere.

b)

	Bruch
Hunde	$\frac{7}{29}$
Katzen	$\frac{3}{29}$
Hamster	$\frac{5}{29}$
Pferde	$\frac{2}{29}$
keine Haustiere	$\frac{12}{29}$

c)

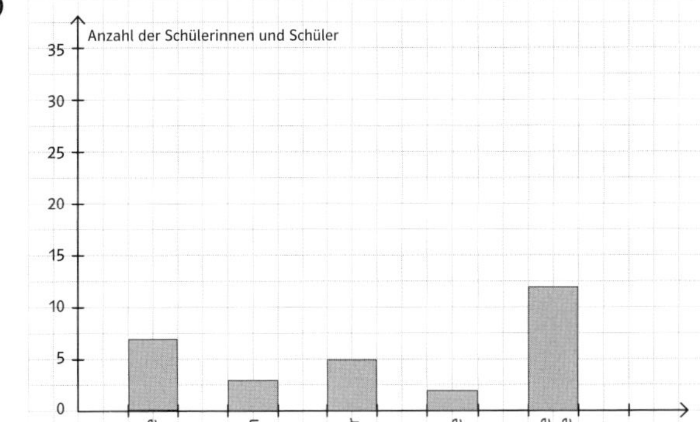

❷ Fußball → 150 Personen
Schwimmen → 75 Personen
Tischtennis → 60 Personen
Golf → 15 Personen

Wahrscheinlichkeitsrechnung I (B) — Seite 102

❶ **a)** Schiedsrichterkurs: **18** Schülerinnen und Schüler
Angelkurs: **22** Schülerinnen und Schüler
Chemie ohne Formeln: **3** Schülerinnen und Schüler
Sanitätskurs: **15** Schülerinnen und Schüler
Kreative Fotografie: **21** Schülerinnen und Schüler
Feuerwehr: **19** Schülerinnen und Schüler

b) Gesamtanzahl: **98** Schülerinnen und Schüler

c)

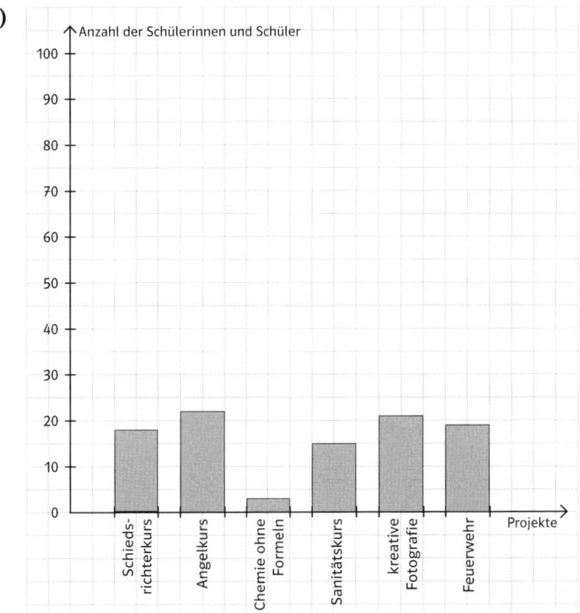

d)

Projekt	Bruch	Dezimalbruch	Prozentangabe
Schiedsrichterkurs	$\frac{18}{98}$	0,1837	18,37 %
Angelkurs	$\frac{22}{98}$	0,2245	22,45 %
Chemie ohne Formeln	$\frac{3}{98}$	0,0306	3,06 %
Sanitätskurs	$\frac{15}{98}$	0,1531	15,31 %
Kreative Fotografie	$\frac{21}{98}$	0,2143	21,43 %
Feuerwehr	$\frac{19}{98}$	0,1939	19,39 %

2 Fußball spielen: 50 %
Computer spielen: 25 %
Lesen: 12,5 %
Musik hören: 12,5 %

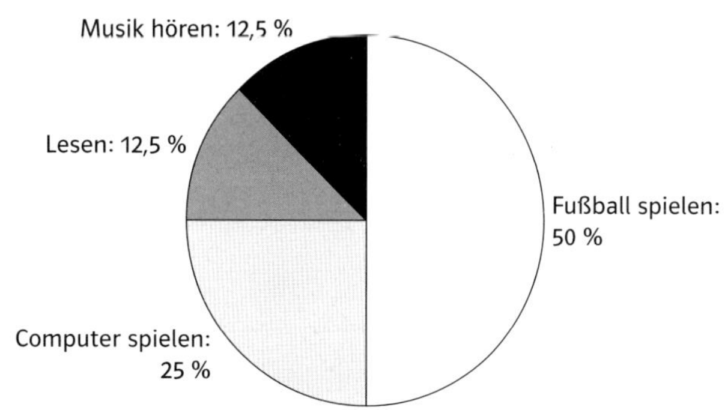

3 **a)** Rangliste:
1. Laura 68 kg
2. Mariam 70 kg
3. Sermed 72 kg
4. Sediq 80 kg
5. Bea 81 kg
6. Kevin 85 kg
7. Marvin 91 kg
8. Sinan 105 kg

b) 37 kg

c) 80,5 kg

d)

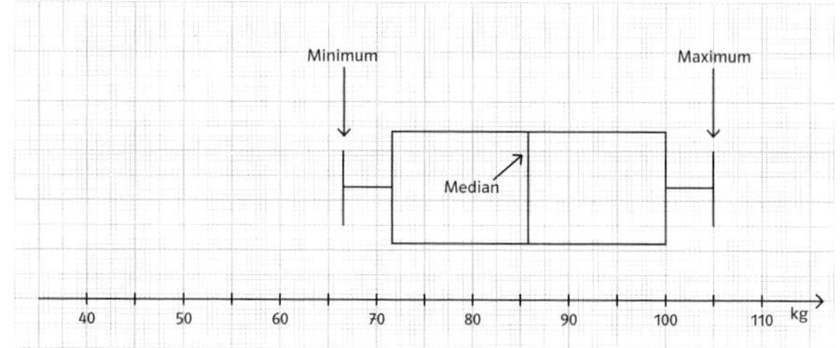

4

	Mädchen	Jungen	Gesamt
Smartphone	9	17	26
kein Smartphone	2	4	6
Gesamt	11	21	32

Wahrscheinlichkeitsrechnung II (A) — Seite 104

1 70 kg

2 97,85 €

3 **a)** 1,60 m < 1,65 m < 1,69 m < 1,79 m < 1,81 m < 1,82 m

b) 1,74 m

4

	Mädchen	Jungen	Gesamt
Schwimmer(in)	63	117	180
Nichtschwimmer(in)	89	101	190
Gesamt	152	218	370

Wahrscheinlichkeitsrechnung II (B) — Seite 106

1 Spannweite: Die Spannweite ist die Distanz zwischen dem größten und dem kleinsten Messwert.

Arithmetisches Mittel: Das arithmetische Mittel ist der Mittelwert einer Statistik. Die Summe aller Werte geteilt durch ihre Anzahl ergibt den Mittelwert.

Median: Der Median ist der Zentralwert, der mittlere Wert in einem geordneten Datensatz (bzw. einer Rangliste).

2 $\bar{x} = 3,1$